Brigitte Theler
Liebes-Tarot

Brigitte Theler

Liebes-Tarot

Ein Wegweiser für Partnerschaft und Freundschaft

Abdruck der Tarotkarten aus dem *Universal Waite Tarot*
mit freundlicher Genehmigung der Firma AG Müller, Neuhausen/Schweiz

Bibliografische Information der Deutschen Bibliothek

Die Deutsche Bibliothek verzeichnet diese Publikation
in der Deutschen Nationalbibliografie; detaillierte bibliografische Daten
sind im Internet unter htttp://dnb.ddb.de abrufbar.

Umschlaggestaltung: Weiss/Zembsch/Partner: Werkstatt/München
Produktion: Inga Tomalla/Christian Bachmaier
Satz: EDV-Fotosatz Huber / Verlagsservice G. Pfeifer, Germering
Druck und Bindung: L.E.G.O. S.p.A., Vicenza
Printed in Italy

ISBN 978-3-7205-6005-4

Inhalt

Liebe ist das Einzige, das wächst,
indem wir es verschenken.
(Ricarda Huch)

XVIII
II
IV
VI
Der MOND.
Die LIEBENDEN.

Tarot –
Bilder der Seele

Tarot ist ein Orakelspiel, das aus 78 Karten besteht, die sich in 22 Trumpfkarten der Großen Arkana (arcanum= lat. Geheimnis) und 56 Karten der Kleinen Arkana unterteilen.

Die 22 Karten der Großen Arkana beschreiben den Lebensweg des Menschen und zeigen anhand archetypischer Symbole die damit verbundenen Themen und Aufgaben. Diese Karten sind von 0 (Der Narr) bis 21 (Die Welt) nummeriert.

Die 56 Karten der Kleinen Arkana sind in die vier Farbserien Stäbe (Feuer: Impulse), Münzen (Erde: Materie), Schwerter (Luft: Gedanken) und Kelche (Wasser: Gefühle) unterteilt und entsprechen den vier Farben oder Serien unserer heutigen Spielkarten.

Tarot	Deutsche/Schweizer Spielkarten	Französische Spielkarten
Stäbe	Eichel	Kreuz
Münzen	Schellen	Karo
Schwerter	Blatt/Schilten	Pik
Kelche	Herz/Rosen	Herz

Jede dieser vier Serien besteht aus 14 Karten, die sich aus zehn Zahlenkarten und jeweils vier Hofkarten – so benannt nach dem Hofe des Königs – zusammensetzen. Zu diesem zählen neben dem König selbst Bube, Ritter und Königin. Während die Bedeutung der Zahlenkarten sich zumeist aus dem jeweiligen Bildmotiv selbst erklärt, geht man bei der Deutung der Hofkarten etwas anders vor. Buben stehen für Impulse oder Angebote, die von außen auf uns zukommen, während Ritter Stimmungen beschreiben oder auf die Atmosphäre im Umfeld hinweisen. Nur Königinnen und Könige sind eigentliche Personenkarten und repräsentieren jeweils vier Frauen- bzw. Männertypen, die im Wesentlichen die Eigenschaften der vier Elemente (Feuer, Erde, Luft und Wasser) widerspiegeln. Die Deutung dieser Karten ist manchmal etwas schwierig, da sie sowohl uns selbst als auch unsere Partner darstellen können oder sogar andere Personen, die im Umfeld der Legung oder für das Fragethema wichtig sind. Zudem können Königinnen für die innere Weiblichkeit des Mannes (Anima) stehen und Könige für die innere Männlichkeit der Frau (Animus).

Eine Reise zu uns selbst

Tarot ist ein wertvoller Begleiter und Wegweiser für den Lebensweg des Menschen. Als Träger kollektiven Wissens und echter Weisheit, beschreiben die Karten mit ihren archetypischen Bildern und Symbolen seelische Zustände und helfen uns, innere Prozesse bewusst zu machen. Damit werden sie zu einer wichtigen Orientierungshilfe auf dem Weg der eigenen Bewusstwerdung.

Jeder Mensch sehnt sich nach Nähe und Geborgenheit und wünscht sich jemanden an seiner Seite, mit dem er sich emotional verbunden fühlt und auch gemeinsam durchs Leben gehen kann. Deshalb werden die Karten seit jeher besonders oft zu Liebe und Partnerschaft befragt. Das Beziehungsleben ist tatsächlich auch ein wesentlicher Bereich für unsere Selbstentfaltung und persönliche Verwirklichung sowie für unser spirituelles Wachstum. Doch Partnerschaft bedeutet nicht nur romantisches Miteinander, sondern auch gemeinsame Entwicklung und damit vor allem echte Arbeit.

Selten sind wir einem Menschen so nah, wie in einer Beziehung. Und deshalb sehen wir im Spiegel unseres Gegenübers immer wieder unsere eigenen, ungelebten oder verdrängten Seiten. Auf der Suche nach Ganzheit verbinden wir uns nämlich vorzugsweise, wenn auch unbewusst, mit dem, was uns noch »fehlt«. So treffen wir auf Menschen und Situationen, die uns zum Spiegel unserer eigenen »Fehler«, bzw. ungelebten und manchmal auch ungeliebten Persönlichkeitsanteile werden.

So gesehen ist jede Beziehung, die wir eingehen, letztlich auch eine spannende Reise zu uns selbst. Wo immer wir uns auf einen anderen Menschen einlassen, ob in Freundschaften oder geschäftlichen Partnerschaften, vor allem aber in einer Liebesverbindung, haben wir durch die Begegnung und Auseinandersetzung mit einem Gegenüber stets auch die Möglichkeit, mehr über uns selbst zu erfahren. Tarot ist bei diesem Prozess der Selbsterkenntnis ein wunderbares Instrument und eine wertvolle Hilfe. Mit ihren anschaulichen Bildern und der tief gehenden Symbolik zeigen uns die Karten, wo wir in unseren zwischenmenschlichen Beziehungen – und damit auch in der Beziehung zu uns selbst – gerade stehen, worum es dabei eigentlich geht und was in diesem Moment besonders beachtet werden sollte.

Wie Sie dieses Buch benutzen

Wenn Sie den Rat des Tarot suchen, finden Sie die Antwort aus den 78 Karten der Kleinen und Großen Arkana mit Hilfe der Zahlenscheibe am Ende des Buches. Dazu kreisen Sie einfach mit dem Zeigefinger der linken Hand und mit geschlossenen Augen über die Scheibe und bleiben spontan, Ihrer Intuition folgend, an einem Punkt stehen. Die Zahl, auf die Ihr Finger zeigt, ist die Seitenzahl der Karte, die Ihnen die Antwort gibt.

Die Frage kann dabei z.B. lauten:

Was ist in der Beziehung jetzt wichtig?
Wie stehen wir zueinander?
Was kann ich für unsere Beziehung tun?
Wie können wir eine Krise überwinden?
Worum geht es bei einem Konflikt?
Was tut sich in der Liebe?
Wie kann ich den anderen für mich gewinnen?
Wie sind die Aussichten für eine neue Beziehung?
Welche Lektion habe ich gerade zu lernen?

Zu jeder Karte finden Sie Antworten und Hinweise, die in die folgenden Rubriken eingeteilt sind:

Darum geht es: Hier erhalten Sie allgemeine Stichworte zum Thema der Karte.

Das ist jetzt wichtig: Wozu die Karte Sie konkret ermutigt oder auffordert.

Zu Ihrer Beziehung sagt Ihnen die Karte: Das aktuelle Thema Ihrer Beziehung wird beschrieben.

Fragen: Die Karte gibt Anregungen, die zu mehr Erkenntnis und Klarheit führen können.

Wenn Sie eine Beziehung suchen, rät die Karte: Hier erfahren Sie, wie sich die Beziehungsthematik in nächster Zeit entwickeln kann.

Fragen: Die Karte gibt Anregungen, die zu mehr Erkenntnis und Klarheit führen können.

Das gibt die Karte zu bedenken: Jede Karte hat eine grundsätzliche Aussage, die sich auf Ihr Liebesleben ebenso beziehen lässt, wie auf andere Lebensbereiche.

Für Solisten

Auch in Zeiten, in denen wir ohne feste Bindung sind, ist das Beziehungsthema stets aktuell. Neben der Suche nach einer neuen Liebe, gibt es natürlich die innere Beziehung zu uns selbst. Wir sollten sie nicht nur pflegen um persönlich zu reifen und mit uns selbst ins Reine zu kommen. Auch im Hinblick auf eine mögliche neue Partnerschaft gilt es, daran zu arbeiten, damit sich beim nächsten Mal nicht die gleichen Fehler und Frustrationen wiederholen.

Deshalb können auch alle, die momentan gerade solo oder überhaupt nicht auf der Suche nach einer neuen Liebe sind, dieses Buch nutzen und die Karten als wertvolle Begleiter für ihre eigene Entwicklung erleben.

Für Paare

Natürlich können Sie dieses Buch auch gemeinsam benutzen, um mehr über Ihre Beziehung zu erfahren: Einer von Ihnen zieht einfach eine Karte, die dann das momentan aktuelle Thema zeigt und Hinweise auf mögliche Chancen oder anstehende Aufgaben gibt.

Ein weiterer Weg wäre, dass jeder für sich zunächst eine Karte zieht. Sie zeigt, was für ihn gerade ansteht, wie es ihm persönlich mit der Beziehung geht, oder was es für ihn jetzt besonders zu beachten gilt. Danach berechnen Sie aus der Verbindung der beiden Karten eine gemeinsame Beziehungskarte. Zählen Sie dazu die Zahlen der beiden gezogenen Karten zusammen. Auf Assen steht zwar keine Zahl, aber sie zählen immer eins. Buben, Ritter, Könige und Königinnen haben keinen Zahlenwert und zählen tatsächlich null.

Liegt die Summe der beiden Zahlenwerte über 22, müssen Sie die Quersumme bilden, indem Sie die beiden Ziffern der Zahl nochmals zusammenrechnen.

Beispiel:
Person 1: 16 der Turm
Person 2: 8 Münzen
16+8=24
2+4=6 Beziehungskarte DIE LIEBENDEN

Suchen Sie dann aus den Großen Arkana die Karte, die Ihrer momentanen »Beziehungszahl« entspricht. Sie zeigt Ihnen das aktuelle Thema und die Aussichten der Beziehung an. Lesen Sie dazu die entsprechende Beschreibung der Trumpfkarte nach. Sollte das Ergebnis übrigens 22 oder 0 sein, ist Ihre derzeitige Beziehungskarte DER NARR.

... und solche, die es vielleicht noch werden

Sind Sie gerade erst dabei sich zu verlieben oder möchten Sie ganz einfach aus Neugierde wissen, wie es zwischen Ihnen und einer anderen Person derzeit steht oder was möglich wäre, können Sie dies natürlich auf gleiche Weise feststellen. Sie ziehen dann eine Karte für sich selbst und eine für die andere Person. Anschließend ermitteln Sie wiederum über die Summe der beiden Zahlenwerte die gemeinsame Beziehungskarte, die Ihnen anzeigt, wie sich die Beziehung zwischen Ihnen in nächster Zeit entwickeln könnte. Die Aussage der Karten bezieht sich in der Regel auf einen zeitlichen Rahmen bis ca. sechs Wochen. Sie können diesen natürlich vor dem Ziehen der Karten auch selbst festlegen.

Das Tarot-Tagebuch

Um sich über das persönliche Beziehungsverhalten und die eigene seelische Dynamik bewusster zu werden, ist es oft sehr sinnvoll, über einen bestimmten Zeitraum ein Kartentagebuch zu führen und dabei folgende Fragen vor Augen zu haben:

Wenn Sie eine bestimmte Karte häufig ziehen …
zeigt sie einen wichtigen Entwicklungs- oder Bewusstwerdungsschritt und es ist ratsam, den Qualitäten und Aufgaben solcher Karten verstärkt Aufmerksamkeit zu schenken.

Wenn Sie immer wieder Karten derselben Serie ziehen …
weist das möglicherweise auf ein Ungleichgewicht dieser Energien in Ihrem Leben hin. Vielleicht handelt es sich um einen Mangel in diesem Bereich, so dass diesen Qualitäten (beispielsweise Realitätssinn, Finanzen, Sicherheit) vermehrt Beachtung geschenkt werden sollte. Oder aber Sie befinden sich derzeit in einer Lebensphase, in der diese Qualitäten gerade besonders gefragt sind und deshalb von Tarot immer wieder gezeigt werden.

Sie finden dazu mehr ab Seite 22.

Wenn Sie Karten einer bestimmten Serie kaum ziehen …
kann auch das ein Hinweis auf ein Ungleichgewicht dieser Energien in Ihrem Leben sein. In diesem Fall haben Sie bereits genügend – vielleicht sogar zu viel – von diesen Qualitäten (Aktivität, Initiative, Energie, Risikobereitschaft), so dass es in diesem Fall eher darum geht, davon etwas abzubauen. Es kann aber auch sein, dass Sie sich gerade in einer Phase befinden, in der diese Qualitäten ganz einfach weniger gefragt sind.

Sie finden dazu mehr ab Seite 22.

IX
VI
III
AS der STÄBE.

Die vier Serien der Kleinen Arkana

Stäbe: Die Welt der Kreativität

Die Liebe ist ein Käfig mit Gitterstäben aus Glück.

(Claudia Cardinale)

Die Stabkarten entsprechen dem Feuerelement und stehen für die vitale Ebene, für Willenskraft, Motivation und Lebensschwung. Sie können signalisieren, dass wir gerade optimistisch und sehr motiviert sind, uns gerne bewegen und uns lebendig und gesund fühlen. Wann immer sie gezogen werden, spiegeln sie unsere Begeisterungsfähigkeit und Freude oder zeigen Aufbruchsstimmung und eine Zeit des Neuanfangs an. Vielleicht hätten Sie gerne mehr Risiko und Herausforderungen in Ihrem Leben oder Sie sollten sich spontaner verhalten und lustvoll mit dem Leben flirten.

Die problematische Seite der Stabkarten kann sich in Übertreibungen und Ungeduld, Egoismus oder auch im Hang zu körperlichem Raubbau zeigen. Möglicherweise produzieren Sie dann gerade etwas zu viel heiße

Luft, treten allzu forsch auf, konkurrieren zu sehr mit anderen und wirken dadurch etwas gereizt, dominant oder gar aggressiv.

Auf der partnerschaftlichen Ebene stehen die Stäbe für gemeinsame Unternehmungen und spannende Pläne, eine vitale Sexualität, für Lust und Lebensfreude sowie gemeinsame, mutige Neuanfänge. Wenn Sie das Miteinander aber als etwas spannungsgeladen, aufreibend und überhitzt erleben, oder der Alltag durch Hektik und Impulsivität sehr anstrengend wird, dann hat Ihre Beziehung wahrscheinlich gerade etwas zu viel feurige Stabenergie.

Die *Stabenergie* sorgt im Alltag für Aktivität und motiviert zu Abenteuern, spontanen Flirts und kreativem Schaffen. Sie eignet sich besonders für Reisen, Sport und Spiel sowie für Projekte, die Risikofreude und Unternehmungslust brauchen. Vor allem aber regt sie uns an, das Leben optimistisch und selbstbewusst anzugehen und immer wieder Neues zu wagen.
Ein *Mangel an Stabenergie* kann zu Antriebsschwäche oder depressiver Verstimmung führen und sich in Mutlosigkeit, Langeweile oder sexueller Lustlosigkeit zeigen.
Ein *Übergewicht an Stabenergie* dagegen kann eine Tendenz zu Unruhe, Übertreibung und Unbeherrschtheit bewirken oder sich auch in einer verstärkten Neigung zu Rechthaberei und Streitigkeiten manifestieren.

Münzen: Die Welt der Materie

Die Begegnung zweier Menschen ist wie die Begegnung zweier Moleküle. Kommt eine Reaktion zustande, sind beide gewandelt.

(Carl Gustav Jung)

Die Münzkarten entsprechen dem Erdelement und stehen für die materielle Ebene, für Sicherheit und Kontinuität. Sie signalisieren, dass wir gerade tatkräftig im Leben stehen, uns reich fühlen oder gerne etwas verwirklichen und umsetzen möchten. Wann immer sie auftauchen, geht es um unsere Wirklichkeitsnähe, unsere finanzielle Situation, das Vermögen im doppelten Sinne von Haben und Können sowie unsere Schaffenskraft und Konsequenz.Vielleicht befinden Sie sich gerade in einer ruhigen und stabilen Lebensphase, in der Sie mit beiden Füßen im Leben stehen, beharrlich etwas aufbauen und damit dauerhafte Ergebnisse erzielen.

Die problematische Seite der Münzkarten kann sich in Trägheit, Humorlosigkeit und einem Hang zu Sturheit oder Geiz zeigen. Sie haben dann vielleicht gerade ein etwas zwanghaftes Kontrollbedürfnis, gehen zu sehr auf Nummer Sicher und wirken auf andere verschlossen, unflexibel oder gar verbissen.

Auf der partnerschaftlichen Ebene stehen die Münzen für die praktische Alltagsbewältigung, für Verbindlichkeit, Sinnlichkeit und Genuss und eine Verbindung, die auf Treue, Ehrlichkeit und tiefem Vertrauen basiert. Wenn Sie das Miteinander aber als etwas langweilig, farblos und zu förmlich erleben, oder der Alltag durch Routine und starre Regeln sehr anstrengend wird, dann hat Ihre Beziehung wahrscheinlich etwas zu viel erdige Münzenergie.

Die *Münzenergie* sorgt im Alltag für Stabilität und Ordnung und unterstützt die konkrete Umsetzung von Plänen. Sie eignet sich besonders für Aufräumarbeiten, Geldgeschäfte, Vertragsabschlüsse und berufliche Projekte. Vor allem fordert sie uns aber dazu auf, das Leben realistisch und pragmatisch anzugehen, es aber auch mit allen Sinnen zu genießen.
Ein *Mangel an Münzenergie* kann zu Unsicherheit, Weltflucht oder Abhängigkeit führen und sich auch in Unzuverlässigkeit, Geldproblemen oder körperlicher Instabilität zeigen.
Ein *Übergewicht an Münzenergie* kann eine Tendenz zu Gier und Geiz bewirken oder sich auch in Sturheit, Unbeweglichkeit sowie körperlichen Verhärtungen und anderen Blockaden manifestieren.

Schwerter: Die Welt der Gedanken

Großartig ist nicht die Beziehung, in der ein perfektes Paar zusammen gefunden hat, sondern die, in der das unvollkommene Paar seine Unterschiede schätzen lernt.

(Dave Meurer)

Die Schwertkarten entsprechen dem Luftelement und stehen für die geistige Ebene, die Welt der Gedanken und Vorstellungen. Sie können signalisieren, dass uns etwas sehr beschäftigt, wir gerade viel nachdenken oder dabei sind, neue Ideen zu entwickeln. Wann immer sie gezogen werden, spiegeln sie unsere Überlegungen und Motivationen, aber auch unsere Glaubenssätze, inneren Widerstände und Vorurteile. Vielleicht befinden Sie sich gerade in einer geistig aktiven Phase, in der Sie wichtige Entscheidungen fällen, interessante Entdeckungen machen, neue Strategien entwickeln oder mit klugen Ideen und sachlichem Verstand anderen beratend zur Seite stehen.

Die problematische Seite der Schwertkarten kann sich in Sprunghaftigkeit, geistiger Anspannung oder innerer Unruhe zeigen. Sie tragen dann möglicherweise gerade viel Konfliktenergie in sich, gehen zu kopflastig, theoretisch oder berechnend vor und wirken auf andere eher kühl, distanziert oder gar gefühllos.

Auf der partnerschaftlichen Ebene stehen die Schwerter für nüchterne, aber notwendige Einsichten, klärende Gespräche und sachliche Entscheidungen, aber auch für schwierige Auseinandersetzungen. Wenn Sie das Miteinander als oftmals oberflächlich und unverbindlich erleben, oder der Alltag durch Konflikte und Hektik sehr anstrengend ist, dann hat Ihre Beziehung wahrscheinlich gerade etwas zu viel luftige Schwertenergie.

Die *Schwertenergie* sorgt im Alltag für Klarheit und schnörkellose Sachlichkeit. Sie eignet sich besonders für kritische Beurteilungen, klärende Gespräche, geschickte Lösungen und geistige Auseinandersetzungen. Vor allem aber fordert sie uns dazu auf, neugierig und offen auf das Leben zuzugehen und anderen mit Interesse und Aufmerksamkeit zu begegnen.

Ein *Mangel an Schwertenergie* kann zu Unklarheit, Wankelmut oder Stumpfheit führen oder sich auch in Ängstlichkeit, Konfliktscheue und fehlender Entschlusskraft zeigen.

Ein *Übergewicht an Schwertenergie* kann eine Tendenz zu Kälte, Berechnung und Zynismus bewirken oder sich auch in einer gewissen Gleichgültigkeit, kühler Distanziertheit und Nervosität manifestieren.

Kelche: Die Welt der Gefühle

Durch jede Liebe wird man ein bisschen menschlicher,
ganz egal wie sie verläuft.

(Boris Pasternak)

Die Kelchkarten entsprechen dem Wasserelement und stehen für die seelische Ebene, für Gefühle, Emotionen und die Welt der Fantasie. Sie können signalisieren, dass wir gerade besonders empfänglich oder emotional sehr bewegt sind und verstärkt nach familiärer Nähe suchen, um uns geborgen und geliebt zu fühlen. Wann immer sie gezogen werden, spiegeln sie auch unsere geheimen Wünsche, Sehnsüchte und Hoffnungen und bringen uns in Kontakt mit unserem Bedürfnis nach Frieden und Harmonie. Vielleicht befinden Sie sich gerade in einer gefühlvollen Phase, in der Sie frisch verliebt sind, plötzlich Ihre künstlerische Ader entdecken oder sich zunehmend für spirituelle Themen öffnen.

Die problematische Seite der Kelchkarten kann sich in schmerzvollen Prozessen und schwierigen Veränderungen oder Abschieden zeigen. Sie müssen dann vielleicht gerade seelisch etwas bewältigen, durchlaufen eine Krise oder befinden sich noch mitten in einem Trauerprozess und wirken auf andere deshalb eher bedrückt, geschwächt oder auch hilflos.

In der Partnerschaft stehen die Kelche für liebevolle Nähe, Romantik, wortloses Verstehen und intensiven Gefühlsaustausch, für häusliche Geborgenheit und seelischen Gleichklang. Wenn Sie das Miteinander aber als etwas instabil und unklar erleben, oder der Alltag durch zu viel Dramatik und Emotionalität sehr anstrengend wird, dann hat Ihre Beziehung wahrscheinlich gerade etwas zu viel wässrige Kelchenergie.

Die *Kelchenergie* sorgt im Alltag für liebevolle Begegnungen und herzliche Kontakte. Sie eignet sich besonders für künstlerisches Schaffen, inneren Rückzug und unterstützt zudem zwischenmenschliche Belange sowie seelische und körperliche Heilprozesse. Vor allem aber fordert sie uns dazu auf, unsere Bedürfnisse und Wünsche ernst zu nehmen und vermehrt auch auf die verborgenen, tiefer liegenden Ebenen des Lebens zu achten.

Ein *Mangel an Kelchenergie* kann zu Kopflastigkeit, Gefühlskälte oder Fantasielosigkeit führen und sich in seelischer Verhärtung oder auch fehlendem Mitgefühl zeigen.

Ein *Übergewicht an Kelchenergie* kann eine Tendenz zu Launenhaftigkeit, Eifersucht und Überempfindlichkeit bewirken, oder sich in Ängstlichkeit, Depressionen und einem Hang zum Leiden oder auch Dramatisieren manifestieren.

XVIII
XIV
XIX
RAD des SCHICKSA
Der
MÄ
Die SONNE.

Die 22 Karten der Großen Arkana

0 Der Narr

Darum geht es: Unbekümmertheit, Spontaneität, Offenheit, Neugierde, Leichtigkeit

Das ist jetzt wichtig: Flirten Sie mit dem Leben!

Zu Ihrer Beziehung sagt Ihnen Der Narr:

Sie fangen wieder bei null an, miteinander oder aber Sie für sich alleine. Keine Struktur ist von Dauer. Jetzt geht es darum zu experimentieren und vielleicht sogar Beziehungsformen in Betracht zu ziehen, die Ihnen bisher zu unverbindlich erschienen. Vieles ist jetzt möglich!

Wie offen und neugierig begegnen wir einander?
Wie experimentierfreudig sind wir?

Wenn Sie eine Beziehung suchen, rät Der Narr:

Je absichtsloser und neugieriger Sie jetzt auf andere zugehen, desto überraschendere Begegnungen entstehen. Aber möchten Sie Ihr Singleleben wirklich aufgeben?

Wie leicht fällt es mir zu flirten?
Wie offen wirke ich momentan auf andere?

Das gibt Der Narr zu bedenken:

Überraschungen sind selten dort zu finden, wo wir sie vermuten oder gezielt nach ihnen Ausschau halten. Vielmehr begegnen sie uns, wenn wir offen und unbefangen unseren Weg gehen. Sind wir im gegenwärtigen Moment aufmerksam, findet sich darin plötzlich eine neue Welt!

I Der Magier

Darum geht es: Souveränität, Ausstrahlung, Charme, Faszination, Anziehung

Das ist jetzt wichtig: Ergreifen Sie die Initiative!

Zu Ihrer Beziehung sagt Ihnen DER MAGIER:

Sie sind voneinander fasziniert und fühlen sich vom anderen immer wieder magisch angezogen. Es knistert und prickelt in Ihrer Beziehung und Sie können jetzt zu einem starken Team zusammen wachsen, das gemeinsam alles meistern kann.

Sind wir uns unserer starken Wirkung nach außen bewusst?
Welche Aufgabe können wir jetzt gemeinsam meistern?

Wenn Sie eine Beziehung suchen, rät DER MAGIER:

Gibt es vielleicht jemanden, der Sie fasziniert und auf den Sie zugehen möchten? Wenn Sie sich jetzt trauen und die Initiative ergreifen, werden Sie sich bestimmt nicht blamieren.

Wie selbstbestimmend gestalte ich mein Leben?
Wie souverän wirke ich momentan auf andere?

Das gibt DER MAGIER zu bedenken:

Mit der Kraft des schöpferischen Geistes sind wir in der Lage, Großes zu vollbringen. Wenn wir unser kleines Ego zurücknehmen und uns dem größeren Willen öffnen, können uns Inspiration und Weisheit durchströmen, so dass wir unser Leben souverän meistern.

II Die Hohepriesterin

Darum geht es: Urvertrauen, Seelenverwandtschaft, Geduld, Hingabe, Schutz

Das ist jetzt wichtig: Vertrauen Sie Ihrer Intuition!

Zu Ihrer Beziehung sagt Ihnen Die Hohepriesterin:
Es scheint, dass Sie sich derzeit auch ohne viele Worte zutiefst verstehen. Eine stille innere Kommunikation lässt Sie auch seelisch in Einklang sein. Dadurch entstehen magische Momente, in denen beide intuitiv spüren, was es zu tun oder auch zu lassen gilt.

Wie stark erleben wir seelische Verbundenheit?
Wie vertrauensvoll stehen wir im Leben?

Wenn Sie eine Beziehung suchen, rät Die Hohepriesterin:
Hören Sie auf Ihre innere Stimme und warten Sie geduldig auf den richtigen Augenblick. Die Botschaft Ihrer Träume kann Ihnen jetzt entscheidende Hinweise geben.

Kenne ich das Gefühl innerer Gewissheit?
Wie ruhig wirke ich momentan auf andere?

Das gibt Die Hohepriesterin zu bedenken:
Je weniger wir kontrollieren und je mehr wir vertrauen, desto eher erfahren wir Führung durch unsere Intuition. Die Hingabe an die Stille und etwas Geduld lässt unsere innere Weisheit dafür sorgen, dass wir zum richtigen Zeitpunkt am richtigen Ort auch das Richtige tun.

III Die Herrscherin

Darum geht es: Fruchtbarkeit, Natürlichkeit, Lebendigkeit, Wachstum, Fülle

Das ist jetzt wichtig: Seien Sie kreativ und gestalten Sie Ihr Leben!

Zu Ihrer Beziehung sagt Ihnen DIE HERRSCHERIN:
Es scheint, dass Sie gerade dabei sind, gemeinsam etwas »auszubrüten«. Tatsächlich ist der Zeitpunkt gut, um neue Impulse zu setzen. Wenn Sie dann einfach den natürlichen Zyklen Vertrauen schenken, gedeiht und erblüht alles zur rechten Zeit.

Wie lebendig ist unsere Beziehung?
Wo könnten wir gemeinsam »fruchtbar« sein?

Wenn Sie eine Beziehung suchen, rät DIE HERRSCHERIN:
Machen Sie sich bereit für eine neue Wachstumsphase. Die Natur selbst sorgt dafür, dass sich etwas, womit Sie bereits »schwanger« gehen, schon bald konkretisiert.

Wie wichtig sind mir Familie und Kinder?
Wie kreativ wirke ich momentan auf andere?

Das gibt DIE HERRSCHERIN zu bedenken:
Die Natur folgt ihren eigenen Rhythmen und Gesetzmäßigkeiten, die wir achten und respektieren sollten. Wir tun gut daran, unser Leben bewusst und immer wieder aufs Neue in Einklang mit diesen natürlichen Zyklen zu bringen, um in jeder Hinsicht gesund zu bleiben.

IV Der Herrscher

Darum geht es: Elternschaft, Verantwortung, Ernsthaftigkeit, Stabilität, Sicherheit, Struktur

Das ist jetzt wichtig: Schaffen Sie klare Verhältnisse!

Zu Ihrer Beziehung sagt Ihnen DER HERRSCHER:

Jetzt ist es an der Zeit, Farbe zu bekennen und verbindliche Entscheidungen zu treffen. Ist die gemeinsame Basis tragfähig und alltagstauglich, können Sie darauf weiter aufbauen, ansonsten gilt es, die Situation ehrlich zu klären und entsprechende Konsequenzen zu ziehen.

Was haben wir bisher aus unserer Beziehung gemacht?
Wie ernst ist es mir mit dieser Beziehung?

Wenn Sie eine Beziehung suchen, rät DER HERRSCHER:

Räumen Sie auf und bringen Sie Ihr Leben in Ordnung. Dadurch werden Sie innerlich klarer und senden auch nach außen eindeutigere Signale.

Was gilt es zu klären oder aufzuräumen?
Wie konsequent wirke ich momentan auf andere?

Das gibt DER HERRSCHER zu bedenken:

Letztlich misst sich der Wert jeder guten Absicht erst an ihrer verantwortungsbewussten und konkreten Umsetzung. Denn an der nüchternen Wirklichkeit scheitert so manche schöne Idee und die irdischen Gesetze zeigen unseren Vorstellungen und Wünschen klare Grenzen auf.

V Der Hierophant

Darum geht es: Glauben, Vertrauen, Moral, Sinnfindung, Wahrhaftigkeit

Das ist jetzt wichtig: Leben Sie nach Ihrer Überzeugung!

Zu Ihrer Beziehung sagt Ihnen Der Hierophant:

Es ist an der Zeit, einen Vertrauensbeweis zu erbringen, indem Sie sich durch eine Heirat oder einen anderen verbindlichen »Eid« aufrichtig zueinander bekennen. Was immer Sie jetzt tun, den Segen des Himmels haben Sie in jedem Fall.

Wie viel Vertrauen habe ich in diese Beziehung?
Worin bestehen unsere gemeinsamen Ideale und Werte?

Wenn Sie eine Beziehung suchen, rät der Hierophant:

Stehen Sie zu Ihrer eigenen Wahrheit und handeln Sie auch danach. Aber geben Sie Acht, dass Ihre Glaubenssätze und Prinzipien jetzt nicht zu unüberwindbaren Gräben führen.

Wie ehrlich bin ich mit mir selber?
Wie aufrichtig wirke ich momentan auf andere?

Das gibt Der Hierophant zu bedenken:

Auch in schwierigen Erfahrungen liegt ein Sinn. Wenn wir ihn spüren, dann gibt er uns Kraft und lässt uns reifen. Mangelt es uns an dieser Erkenntnis und sehen wir im Lauf des Lebens nur absurde Schicksalhaftigkeit, können wir bereits an alltäglichen Kleinigkeiten verzweifeln.

VI Die Liebenden

Darum geht es: Herzensentscheidung, Bindungswille, Verbindlichkeit, Liebe, Beziehung

Das ist jetzt wichtig: Gehen Sie den Weg des Herzens!

Zu Ihrer Beziehung sagen Ihnen DIE LIEBENDEN:
Vor welcher Wahl auch immer Sie gemeinsam stehen, entscheiden Sie jetzt nach dem Impuls des Herzens und folgen Sie nicht dem Verstand oder der Vernunft. Wenn Sie innerlich ein klares Ja haben, werden auch alle äußeren Widerstände bald dahinschmelzen.

Hält uns Liebe zusammen oder nur Gewohnheit und Vernunft?
Habe ich mich aus vollem Herzen für meinen Partner entschieden?

Wenn Sie eine Beziehung suchen, raten DIE LIEBENDEN:
Ihr Herz weiß so manches oft schon lange vor Ihrem Verstand, und Sie können darauf vertrauen, dass nichts verhindern wird, dass auch zusammenkommt, was zusammengehört.

Wie bereit bin ich, mich wirklich wieder einzulassen?
Wie verbindlich wirke ich momentan auf andere?

Das geben DIE LIEBENDEN zu bedenken:
Alle mutigen und mit Leidenschaft getroffenen Entscheidungen entstammen der klaren Gewissheit des Herzens. Wo immer wir zu lange zögern oder in ängstlicher Unsicherheit verharren, ist es der kontrollierende Verstand, der noch vergeblich um Eindeutigkeit ringt.

VII Der Wagen

Darum geht es: Energieschub, Entschlossenheit, Risikobereitschaft, Aufbruch, Neuanfang

Das ist jetzt wichtig: Wagen Sie das Abenteuer!

Zu Ihrer Beziehung sagt Ihnen DER WAGEN:

Vielleicht haben Sie sich gerade frisch verliebt und stehen erst am Anfang einer spannenden Beziehung. Oder aber Sie haben einen Entschluss gefasst, den Sie jetzt schnellstmöglich umsetzen wollen. Geht Ihr Partner nicht mit, werden Sie wohl auch alleine losziehen.

Ergänzen oder blockieren wir uns gegenseitig?
Haben wir denselben Weg?

Wenn Sie eine Beziehung suchen, rät DER WAGEN:

Auf wen würden Sie zugehen, oder was würden Sie jetzt anpacken, wenn Sie den Mut dazu hätten? Sammeln Sie Ihre Kräfte und wagen Sie den (Ab-) Sprung.

Welches Abenteuer lockt mich?
Wie entschlossen wirke ich momentan auf andere?

Das gibt DER WAGEN zu bedenken:

Weshalb erwarten wir Aufregendes zu entdecken, wenn wir uns auf den ewig gleichen Trampelpfaden und immer nur sicherem Terrain bewegen? Etwas Risiko gehört schon dazu, sollen sich uns neue Horizonte eröffnen. Konzentrieren wir unsere Kräfte zudem auf ein Ziel, ist Außerordentliches möglich.

VIII Kraft

Darum geht es: Leidenschaft, Stärke, Vitalität, Erotik, Sexualität

Das ist jetzt wichtig: Zeigen Sie Engagement!

Zu Ihrer Beziehung sagt Ihnen die Kraft:
Ihre Beziehung befindet sich gerade in einer Phase, in der Lust und Lebensfreude den Ton angeben. Vielleicht stellen Sie sich aber auch gegeneinander und inszenieren einen leidenschaftlichen Machtkampf. So oder so, beides kann durchaus auch höchst erotisierend wirken.

Wie intensiv und lustvoll ist unsere Sexualität?
Wo zeige ich in der Beziehung gerne Biss und Krallen?

Wenn Sie eine Beziehung suchen, rät die Kraft:
Gehen Sie jetzt mit Lust und Liebe auf das Leben zu. Aber unterscheiden Sie dabei klar, ob Sie Ihre Leidenschaften genießen oder ihnen einfach willenlos ausgeliefert sind.

Wo und wie lebe ich meine Leidenschaften?
Wie vital wirke ich momentan auf andere?

Das gibt die Kraft zu bedenken:
Die zivilisierte Schicht unserer Persönlichkeit ist dünner als wir glauben. Dicht darunter warten Triebe und Begierden nur darauf durchzubrechen. Wissen wir darum, können wir ihre Kraft bewusster lenken und nutzen. Unterdrücken wir sie jedoch, versiegt auch eine Quelle lustvoller Lebensfreude und vitaler Energie.

IX Der Eremit

Darum geht es: Rückzug, Selbsterkenntnis, Klarheit, Weisheit, Reife

Das ist jetzt wichtig: Bleiben Sie sich selbst treu!

Zu Ihrer Beziehung sagt Ihnen Der Eremit:

Jetzt sollte jeder klären, was er wirklich will. Vielleicht möchten Sie eine Zeit alleine sein oder brauchen mehr Rückzugsmöglichkeiten. Sprechen Sie mit Ihrem Partner, damit er versteht, dass es nicht um eine Abkehr voneinander, sondern um eine Hinwendung zu sich selbst geht.

Bin ich mir treu und lebe ich die Beziehung, die zu mir passt?
Wie sehr beeinflussen uns die Meinungen anderer?

Wenn Sie eine Beziehung suchen, rät Der Eremit:

Spielen Sie jetzt keine fremden Rollen, seien Sie einfach Sie selbst. So werden Sie auch jemanden anziehen, der wirklich zu Ihnen passt.

Wie gut kann ich alleine sein?
Wie authentisch wirke ich momentan auf andere?

Das gibt Der Eremit zu bedenken:

Was wir nicht haben, können wir nicht geben. Solange uns die Beziehung zu uns selbst fehlt, werden wir auch im zwischenmenschlichen Bereich weder wissen, was wir brauchen, noch was wir zu geben haben. Wir können anderen nur dann wirklich begegnen, wenn wir zuvor zu uns selbst gefunden haben.

X Rad des Schicksals

Darum geht es: Aufgabe, Bestimmung, Akzeptanz, Schicksal

Das ist jetzt wichtig: Erkennen Sie die Zeichen der Zeit!

Zu Ihrer Beziehung sagt Ihnen das Rad des Schicksals:

Diese Beziehung ist Ihr Schicksal und jetzt ist es an der Zeit, es zu gestalten. Dabei mag es durchaus sein, dass manches momentan nicht so verläuft, wie Sie sich das vorgestellt haben. Was immer an Herausforderung vor Ihnen liegt, gehen Sie diese jetzt gemeinsam an.

Erkennen wir unsere Beziehung als Aufgabe, die gestaltet werden will?
Welche Herausforderung gilt es jetzt zu bewältigen?

Wenn Sie eine Beziehung suchen, rät das Rad des Schicksals:

Tun Sie, was zu tun ist, und konzentrieren Sie sich auf das, was gerade ansteht. Die Menschen und Ereignisse, die wichtig für Sie sind, werden zur richtigen Zeit auch in Ihr Leben treten.

Welche Lektion lehrt mich das Leben gerade?
Wie schicksalsergeben wirke ich momentan auf andere?

Das gibt das Rad des Schicksals zu bedenken:

Das einzig Beständige ist der stete Wandel, und alles hat bekanntlich seine Zeit. So bringt das Leben eine Aufgabe nach der anderen hervor, und fordert uns dazu auf, sie anzunehmen und das Beste daraus zu machen. Setzen wir aufmerksam einen Schritt vor den anderen, wird der Weg zum Ziel.

XI Gerechtigkeit

Darum geht es: Gleichberechtigung, Vernunft, Klarheit, Objektivität, Selbstverantwortung

Das ist jetzt wichtig: Handeln Sie klug und fair!

Zu Ihrer Beziehung sagt Ihnen die Gerechtigkeit:
Was Sie jetzt in der Beziehung erleben, ist letztlich einfach das Resultat vorangegangener Entscheidungen, die Sie bewusst oder auch unbewusst getroffen haben. Somit ernten Sie gerade im Guten wie vielleicht auch im Schlechten, was Sie selbst gesät haben.

Wie ausgewogen sind die Zuständigkeiten in unserer Beziehung?
Wo neige ich zu Schuldzuweisungen?

Wenn Sie eine Beziehung suchen, rät die Gerechtigkeit:
Bemühen Sie sich darum, Ihre Situation eigenverantwortlich und sachlich zu analysieren. Das könnte sich bald auch im zwischenmenschlichen Bereich als sehr hilfreich erweisen.

Verhalte ich mich andern gegenüber fair?
Wie selbstkritisch wirke ich momentan auf andere?

Das gibt die Gerechtigkeit zu bedenken:
Die Lektionen des Lebens lassen sich weit besser bewältigen, wenn wir mit unsern Fehlern nicht hadern, sondern aus ihnen lernen. Einsicht und Selbstverantwortlichkeit helfen uns, kluge Lösungen zu finden und vernünftige Entscheidungen zu treffen, die über rein instinktive Reaktionen hinausgehen.

XII Der Gehängte

Darum geht es: Krise, Stillstand, Blockade, tiefere Einsicht, Umkehr

Das ist jetzt wichtig: Bringen Sie ein Opfer!

Zu Ihrer Beziehung sagt Ihnen DER GEHÄNGTE:
Sie sind an einem Punkt angelangt, wo scheinbar nichts mehr vorangeht. Wenn Sie einfach nur resignieren, kommt dies einer Kapitulation gleich. Vielleicht haben Sie sich zu sehr an eine Vorstellung geklammert, die Sie opfern sollten, damit wieder Leben in die Beziehung kommt.

Was müssen wir grundlegend neu betrachten?
Welches Ziel oder welche Fixierung sollten wir loslassen?

Wenn Sie eine Beziehung suchen, rät DER GEHÄNGTE:
Kehren Sie um, Sie sind in einer Sackgasse gelandet oder drehen sich nur noch im Kreis. Solange Sie nicht bereit sind, wirklich etwas zu verändern, wird Ihre Situation auch nicht besser werden.

Lasse ich mich zu sehr hängen?
Wie resigniert wirke ich momentan auf andere?

Das gibt DER GEHÄNGTE zu bedenken:
Es gibt keine Garantie, dass Krisen irgendwann von selbst vorübergehen. Aus manchen kommen wir ein Leben lang nicht mehr heraus. Sehen und lösen wir die damit verbundenen Aufgaben nicht, droht Stillstand. Drehen wir uns um, und wagen eine neue Sichtweise, sieht die Welt oft überraschend anders und meist auch angenehmer aus.

XIII Tod

Darum geht es: Abschied, Ende, Vergänglichkeit, Wandlung

Das ist jetzt wichtig: Lassen Sie los!

Zu Ihrer Beziehung sagt Ihnen der Tod:

Etwas in der Beziehung will »begraben« werden, weil es sich totgelaufen oder seine Funktion erfüllt hat und nur noch eine leere Hülle darstellt. Jeder Wiederbelebungsversuch wäre verlorene Liebesmüh, denn was war, ist, zumindest in dieser Form, endgültig vorüber.

Was ist unwiederbringlich vorbei?
Wovon müssen wir uns endlich lösen?

Wenn Sie eine Beziehung suchen, rät der Tod:

Lassen Sie jetzt Vergangenes hinter sich und nehmen Sie endgültig Abschied. Solange Sie nicht bereit sind, Altes loszulassen, können Sie auch nichts Neues zulassen.

Wen oder was muss ich loslassen?
Wie abgeklärt wirke ich momentan auf andere?

Das gibt der Tod zu bedenken:

Erst durch den Tod wird das Leben und unser Handeln bedeutsam. Er mahnt uns, dass alles seine Zeit hat, und wir die Dinge nicht ewig vor uns her schieben können. Nur in der Akzeptanz und rechtzeitigen Auseinandersetzung mit der Vergänglichkeit aller Formen ist letztlich das Tor zur Unsterblichkeit zu finden.

XIV Mäßigkeit

Darum geht es: Friede, Harmonie, Gesundheit, Gelassenheit, Ausgleich

Das ist jetzt wichtig: Finden Sie die richtige Mischung!

Zu Ihrer Beziehung sagt Ihnen die MÄSSIGKEIT:
Stimmige Kompromisse fallen Ihnen jetzt leichter als sonst. Suchen Sie daher gerade auch im Beziehungsalltag nach dem rechten Maß und der richtigen Mischung. Dann steht Ihnen eine lebendige und fröhliche Zeit bevor, voller Gelassenheit und Harmonie.

Welche Einseitigkeiten bestehen in unserer Beziehung?
Wie sehr sind wir innerlich und äußerlich ein Paar?

Wenn Sie eine Beziehung suchen, rät die MÄSSIGKEIT:
Umgeben Sie sich mit Menschen, die Ihnen wirklich gut tun und die Sie ebenso wertschätzen. Nur wenn sich beide Seiten richtig wohl fühlen, ist auf Dauer ein entspanntes Miteinander möglich.

Wie und mit wem kann ich mich am besten entspannen?
Wie ausgeglichen wirke ich momentan auf andere?

Das gibt die MÄSSIGKEIT zu bedenken:
Das Geheimnis einer jeden gesunden Verbindung ist das stete Lösen und Binden, denn so werden Stillstand oder Einseitigkeiten vermieden. Lösen heißt, einander immer wieder zu lassen, um Erstarrung in Gewohnheiten zu vermeiden. Binden heißt, sich immer wieder neu einzulassen, damit die Beziehung verbindlich und lebendig bleibt.

XV Der Teufel

Darum geht es: Leidenschaft, Intensität, Versuchung, Macht, Verstrickung

Das ist jetzt wichtig: Zeigen Sie Ihre dunkle Seite!

Zu Ihrer Beziehung sagt Ihnen Der Teufel:
Nun wird es spannend! Weichen Sie der dunklen Seite Ihrer Beziehung nicht aus, denn das bisher Verborgene drängt jetzt ans Licht. Sie werden dabei auch die Erfahrung machen, dass Sie beide nicht so harmlos sind, wie Sie bisher vielleicht geglaubt haben.

Tragen wir gerade subtile Machtkämpfe aus?
Welche Tabus gibt es in unserer Beziehung?

Wenn Sie eine Beziehung suchen, rät Der Teufel:
Sie sollten der Verlockung des Verbotenen nicht aus Prinzip widerstehen. Das Spiel mit dem Feuer hat durchaus seinen Reiz. Aber hören Sie damit auf, bevor Sie sich die Finger verbrennen.

Worin bin ich immer wieder maßlos?
Wie machtvoll wirke ich momentan auf andere?

Das gibt Der Teufel zu bedenken:
Im Laufe des Lebens gehören die Lektionen, die uns die Illusion unserer Harmlosigkeit nehmen, zu den wichtigsten überhaupt. Und es ist die undankbare, wenn auch meist unbewusste Aufgabe unserer Mitmenschen und vor allem unserer Partner, uns immer wieder auf Schattenseiten aufmerksam zu machen.

XVI Der Turm

Darum geht es: plötzliche Veränderung, Befreiung, Durchbruch, Ausbruch

Das ist jetzt wichtig: Sprengen Sie den Rahmen!

Zu Ihrer Beziehung sagt Ihnen Der Turm:
Rechnen Sie mit dem Unerwarteten! Aber selbst wenn es viel Wirbel geben sollte, können Sie die Erfahrungen rückblickend als Befreiung erleben. Etwas in Ihrer Beziehung ist einfach zu eng geworden und verlangt jetzt nach mehr Raum.

Wie »explosiv« ist unsere Beziehung?
Welcher Befreiungsschlag steht längst an?

Wenn Sie eine Beziehung suchen, rät Der Turm:
In Ihnen drängt etwas nach Veränderung. Wenn Sie diese Impulse einfach unterdrücken, schaffen Sie sich Ihr eigenes Gefängnis. Sprengen Sie den Rahmen und brechen Sie aus!

Wovon will ich mich endlich befreien?
Wie unberechenbar wirke ich momentan auf andere?

Das gibt Der Turm zu bedenken:
Manchmal fühlen wir uns hinter den Mauern unserer fixen Vorstellungen und Gewohnheiten so sicher, dass wir nicht ahnen, dass es jenseits davon ein Leben in Freiheit und Selbstbestimmung gibt. Werden wir dann zum Durchbruch gezwungen, sehen wir plötzlich wieder den Himmel über uns.

XVII Der Stern

Darum geht es: Hoffnung, Optimismus, Vision, Erkenntnis

Das ist jetzt wichtig: Vertrauen Sie auf die Zukunft!

Zu Ihrer Beziehung sagt Ihnen Der Stern:

Über Ihnen strahlt ein guter Stern, und die Chancen für eine glückliche, gemeinsame Zukunft stehen wirklich gut. Alles, was Sie jetzt gemeinsam planen, hat beste Aussichten, sich wunschgemäß zu entwickeln, denn Sie handeln im Einklang mit größeren Gesetzen.

Was sind unsere langfristigen Ziele?
Vertraue ich darauf, dass unsere Liebe von Dauer ist?

Wenn Sie eine Beziehung suchen, rät Der Stern:

Wenn Sie bereit sind, sich wirklich wieder auf eine langfristige Verbindung einzulassen, können Sie jetzt zuversichtlich sein und auf eine positive Entwicklung vertrauen.

Glaube ich an eine neue Beziehung?
Wie hoffnungsvoll wirke ich momentan auf andere?

Das gibt Der Stern zu bedenken:

Aus der Vogelperspektive betrachtet, erklären sich viele zuvor verborgene Zusammenhänge und scheinbar wundersame Fügungen. Erweitern wir die Perspektive und heben unseren Blick, erkennen wir plötzlich die Weisheit der kosmischen Ordnung und beginnen ihr zu vertrauen.

XVIII Der Mond

Darum geht es: Eifersucht, Sehnsucht, Ängste, Beklemmung, Versuchung

Das ist jetzt wichtig: Lassen Sie sich nicht verunsichern!

Zu Ihrer Beziehung sagt Ihnen Der Mond:

Wahrscheinlich wissen Sie momentan nicht so recht, wie es zwischen Ihnen weitergehen soll. Die Sorge, zu scheitern ist verständlich. Umso mehr geht es jetzt darum, unbeirrt nach vorne zu blicken und sich nicht in dunklen Fantasien und emotionalen Sümpfen zu verirren.

Welche Ängste gilt es jetzt gemeinsam zu überwinden?
Was in der Beziehung verunsichert oder irritiert mich?

Wenn Sie eine Beziehung suchen, rät Der Mond:

Auch wenn Sie sich vor einem mutigen Schritt scheuen, weil Sie Versagensängste plagen, sollten Sie diesen Weg jetzt dennoch gehen. Er führt Sie in die richtige Richtung.

Wo befürchte ich, wieder in alte Gewohnheiten zu verfallen?
Wie verunsichert wirke ich momentan auf andere?

Das gibt Der Mond zu bedenken:

Es gibt Momente im Leben, da verirren wir uns im Zauberwald unserer schlimmsten Befürchtungen und Fantasien und drohen zum Opfer all der verwunschenen Gestalten und flüsternden Stimmen unseres Unbewussten zu werden. Gerade dann ist es wichtig, unbeirrt dem Weg zu folgen.

XIX Die Sonne

Darum geht es: Lebensfreude, Vitalität, Zuversicht, Großzügigkeit

Das ist jetzt wichtig: Genießen Sie das Leben!

Zu Ihrer Beziehung sagt Ihnen Die Sonne:
Sie befinden sich gemeinsam in einer Hochphase Ihrer Beziehung. Sei es, dass Sie sich ganz einfach miteinander rundum wohl und zufrieden fühlen oder aber nach einer Krise nun wieder zusammengefunden haben und Versöhnung feiern. Alles ist gut!

Was haben wir überwunden oder wo haben wir uns ausgesöhnt?
Wo erleben wir gerade tiefe Freude und Zufriedenheit?

Wenn Sie eine Beziehung suchen, rät Die Sonne:
Genießen Sie jetzt die Sonnenseiten des Lebens. Es gibt bestimmt jemanden, der gerne mit Ihnen die angenehmen Dinge des Lebens teilt, und wenn es nur für diesen Moment ist.

Wodurch fühle ich mich wie neu geboren?
Wie lebensfroh wirke ich momentan auf andere?

Das gibt Die Sonne zu bedenken:
Die Leichtigkeit des Seins erscheint uns niemals so köstlich, wie nach einer Zeit voller Entbehrungen oder Mühsal. Denn gerade durch den steten Wechsel und das ständige Spiel von Licht und Schatten, fasziniert uns jeder Sonnenaufgang immer wieder aufs Neue.

XX Gericht

Darum geht es: Erlösung, Befreiung, Heilung, positive Wendung

Das ist jetzt wichtig: Wachen Sie auf!

Zu Ihrer Beziehung sagt Ihnen das Gericht:

Sie haben sich gemeinsam durch eine Krise hindurchgearbeitet und nun erscheint die Lösung des ursprünglichen Problems plötzlich ganz einfach. Diese Erfahrung verbindet Sie als Paar noch stärker und gibt Ihnen auch für die Zukunft Zuversicht und Vertrauen.

Was haben wir endlich erkannt?
Worin besteht die Lösung?

Wenn Sie eine Beziehung suchen, rät das Gericht:

Erkennen Sie das Wesentliche. Die Lösung ist jetzt greifbar nahe, der Schatz kann gehoben werden und der Märchenprinz oder die Traumfrau steht tatsächlich an der Bushaltestelle.

Wo gilt es endlich aufzuwachen?
Wie gelöst wirke ich momentan auf andere?

Das gibt das Gericht zu bedenken:

Den Schatz zu heben ist immer ganz einfach, wenn man weiß, wo er liegt. Doch sind die Umwege dorthin oft sehr mühsam und manchmal auch nicht zu vermeiden. Gerade dieses macht ihn aber letztlich auch erst so wertvoll.

XXI Die Welt

Darum geht es: Heimat, richtige Einstellung, glückliches Ende, Frieden

Das ist jetzt wichtig: Kommen Sie an!

Zu Ihrer Beziehung sagt Ihnen Die Welt:

Sie sind in jeder Beziehung angekommen und empfinden das Leben gerade als zutiefst stimmig. Es gibt niemanden, mit dem Sie jetzt zufriedener sein könnten, als mit Ihrem Partner, und auch keinen Ort, an dem Sie sich mehr zu Hause fühlen würden, als dort, wo Sie gerade sind.

Worin besteht unser Paradies?
Womit haben wir Frieden geschlossen?

Wenn Sie eine Beziehung suchen, rät Die Welt:

Trauen Sie dem Frieden und erkennen Sie, dass Ihnen zumindest in diesem einen Augenblick nichts mehr fehlt. Seien Sie einfach dort, wo Sie hingehören – bei sich selbst!

Kann ich mein Allein-Sein auch genießen?
Wie zufrieden wirke ich momentan auf andere?

Das gibt Die Welt zu bedenken:

Unser Leben gleicht einem steten Erwachen zu uns selbst, bei dem es nicht um Vollkommenheit im Sinne von Fehlerlosigkeit geht, sondern vielmehr darum, unser Wesen gerade auch in seiner Unvollkommenheit dennoch als vollständig zu erfahren.

VIII
IX
IX
VI

Die 56 Karten der Kleinen Arkana

As der Stäbe

Darum geht es: die Chance zur Selbstverwirklichung

Das ist jetzt wichtig: Wagen Sie ein Risiko!

Zu Ihrer Beziehung sagt Ihnen das As der Stäbe:

Es ist jetzt genügend Energie vorhanden, um zusammen so manches zu schaffen, wozu Ihnen sonst die Kraft oder auch der Mut gefehlt hat. Gemeinsam etwas in Angriff zu nehmen und auch zu meistern, gibt Ihnen das starke Gefühl, ein gutes Team zu sein.

Welche Herausforderung würde uns reizen?
Wie abwechslungsreich ist unser Alltag?

Wenn Sie eine Beziehung suchen, rät das As der Stäbe:

Vielleicht müssen Sie jetzt auch das Feuer etwas schüren, damit der Funken überspringen kann. Denken Sie dabei nicht zu viel über das Wenn und Aber nach.

Wo könnte ich jetzt die Initiative ergreifen?
Wie spontan wirke ich momentan auf andere?

Das gibt das As der Stäbe zu bedenken:

Das Leben bietet uns immer wieder Möglichkeiten, ausgetretene Pfade zu verlassen und, jenseits alltäglicher Routine, an neuen Herausforderungen und aufregenden Erfahrungen zu wachsen. Uns auf Abenteuer einzulassen, ist nicht zuletzt auch Ausdruck von Lebendigkeit.

Zwei Stäbe

Darum geht es: Flaute, Energiemangel, Unlust, Halbherzigkeit

Das ist jetzt wichtig: Verhalten Sie sich neutral!

Zu Ihrer Beziehung sagen Ihnen die Zwei Stäbe:

Sie drücken sich in einer Sache um einen klaren Standpunkt oder lassen es zumindest am notwendigen Engagement mangeln. Diese Halbherzigkeit wirkt sich auch auf die Beziehung lähmend aus, doch viel mehr ist im Moment einfach nicht möglich.

Wo haben sich in unserem Alltag Halbherzigkeiten eingeschlichen?
In welcher Angelegenheit beziehe ich keine klare Stellung?

Wenn Sie eine Beziehung suchen, raten die Zwei Stäbe:

Hand aufs Herz! Könnte es sein, dass Ihr Wunsch nach einer Partnerschaft vielleicht doch nur ein Lippenbekenntnis ist? Oder wissen Sie ganz einfach nicht, was Sie wirklich wollen?

Wie gehe ich mit Langeweile um?
Wie eindeutig wirke ich momentan auf andere?

Das geben die Zwei Stäbe zu bedenken:

Manchmal ist es besser, neutral zu bleiben, als eine Entscheidung zu hastig oder unüberlegt zu treffen. Wenn daraus allerdings eine andauernde Blockade entsteht, die allmählich jegliche Lebensfreude erlöschen lässt, dann ist es höchste Zeit, endlich wieder Farbe zu bekennen.

Drei Stäbe

Darum geht es: Zuversicht, gute Aussichten, Vorfreude, Optimismus

Das ist jetzt wichtig: Weiten Sie den Blick!

Zu Ihrer Beziehung sagen Ihnen die DREI STÄBE:
Vor Ihnen liegt eine schöne, angenehme Zeit. Sei es, dass Sie Urlaubspläne schmieden oder aber in Erwartung eines anderen erfreulichen Ereignisses sind. Der Blick in die gemeinsame Zukunft erscheint derzeit jedenfalls ungetrübt und heiter.

Worauf freuen wir uns gemeinsam?
Was sind unsere Pläne für die nahe Zukunft?

Wenn Sie eine Beziehung suchen, raten die DREI STÄBE:
Machen Sie jetzt Pläne im Vertrauen auf eine positive Entwicklung. Solange Ihr Optimismus anhält, gibt es gute Chancen, dass die Dinge auch ganz nach Ihren Vorstellungen verlaufen.

Wer oder was macht mich gerade so zuversichtlich?
Wie optimistisch wirke ich momentan auf andere?

Das geben die DREI STÄBE zu bedenken:
Vorfreude ist die schönste Freude, weil sie uns versöhnlich und zufrieden stimmt und viele im Moment auftretende Schwierigkeiten in einem angenehmeren Licht erscheinen lässt. In Erwartung des Guten und Schönen gelingt es uns auch leichter, mit der Unvollkommenheit der Welt in Frieden zu sein.

Vier Stäbe

Darum geht es: Geselligkeit, Fröhlichkeit, Offenheit, Kontaktfreude

Das ist jetzt wichtig: Gehen Sie auf andere zu!

Zu Ihrer Beziehung sagen Ihnen die Vier Stäbe:

Der gemeinsame Lebensalltag fließt leicht und mühelos, und Sie fühlen sich rundum wohl und zufrieden. Als Paar strahlen Sie diese Unbeschwertheit auch in der Offenheit gegenüber Ihrem Umfeld aus. So können sich leichter als sonst neue, herzliche Kontakte ergeben.

Wie gut sind unsere nachbarschaftlichen Kontakte?
Wo könnten sich jetzt interessante Begegnungen ergeben?

Wenn Sie eine Beziehung suchen, raten die Vier Stäbe:

Lächeln ist nicht nur Balsam für die eigene Seele, sondern kann darüber hinaus auch bei anderen Wunder wirken. Gehen Sie unter Menschen und probieren Sie es einfach aus.

Wie herzlich und offen gehe ich auf andere zu?
Wie unbeschwert wirke ich momentan auf andere?

Das geben die Vier Stäbe zu bedenken:

Ein stabiles persönliches Umfeld ist die beste Voraussetzung, um der Welt voller Selbstvertrauen zu begegnen. Fühlen wir uns sicher, weil hinter uns Menschen stehen, die uns den Rücken stärken, fällt es uns leicht, auch anderen Offenheit und Vertrauen entgegenzubringen.

Fünf Stäbe

Darum geht es: Kräftemessen, Wettkampf, Konkurrenz, Bewährung

Das ist jetzt wichtig: Stellen Sie sich der Herausforderung!

Zu Ihrer Beziehung sagen Ihnen die FÜNF STÄBE:

In Ihrer Beziehung findet in irgendeiner Form ein Kräftemessen statt, bei dem jeder versucht, dem andern zu imponieren. Betrachten Sie die Angelegenheit als sportliches Duell oder sogar erotisches Spiel, bei dem es darum geht, sich durch Reibung gegenseitig anzufeuern.

Wo müssen wir uns gerade zusammenraufen?
Wo konkurrieren wir miteinander?

Wenn Sie eine Beziehung suchen, raten die FÜNF STÄBE:

Falls Sie sich gerade in einer Konkurrenzsituation befinden, sollten Sie das Ganze nicht allzu ernst nehmen, sondern stattdessen versuchen, einfach Ihren Spaß an der Herausforderung zu haben.

Wie gehe ich mit Konkurrenz um?
Wie kampflustig wirke ich momentan auf andere?

Das geben die FÜNF STÄBE zu bedenken:

Jeder Konflikt setzt auch Energien frei, durch die kreative Prozesse in Gang kommen, die weit über die eigentliche Auseinandersetzung hinaus Wirkung zeigen können. So entsteht selbst aus einem unbezogenen Gerangel mit der Zeit oftmals auch ein lebendiges Miteinander.

Sechs Stäbe

Darum geht es: gute Nachricht, kreative Lösung, positiver Ausgang

Das ist jetzt wichtig: Feiern Sie den Erfolg!

Zu Ihrer Beziehung sagen Ihnen die SECHS STÄBE:
Sie können sich zusammen über etwas freuen, was wirklich gut gelaufen ist. Oder Sie sind einfach dankbar, weil eine schwierige Phase zu Ende geht, die Sie gemeinsam gemeistert haben. Die schönsten Siege sind immer diejenigen, bei denen es keine Verlierer gibt.

Wo sind oder waren wir gemeinsam erfolgreich?
Welche gute Nachricht gibt es zu verkünden?

Wenn Sie eine Beziehung suchen, raten die SECHS STÄBE:
Zeigen Sie Ihre Freude darüber, wenn Ihnen etwas gelungen ist oder Sie erfolgreich waren. Begeisterung wirkt auf andere nicht nur ansteckend, sondern auch anziehend.

Worauf habe ich allen Grund stolz zu sein?
Wie gewinnend wirke ich momentan auf andere?

Das geben die SECHS STÄBE zu bedenken:
Jeder Mensch freut sich über Lob und Anerkennung, wenn ihm etwas richtig gut gelungen ist. Und es gibt außer Neid keinen Grund damit zu geizen. Anderen ihren Erfolg aus vollem Herzen zu gönnen, macht uns selbst zu erfolgreichen, glücklichen Menschen.

Sieben Stäbe

Darum geht es: Angriff, Verteidigung, Positionskämpfe, Einmischung

Das ist jetzt wichtig: Beweisen Sie Standfestigkeit!

Zu Ihrer Beziehung sagen Ihnen die Sieben Stäbe:

Unruhe liegt in der Luft und Ihr Durchsetzungsvermögen wird herausgefordert. Vielleicht versucht jetzt auch jemand von außen, sich in die Beziehung oder in Ihre privaten Angelegenheiten einzumischen. Grenzen Sie sich unmissverständlich ab.

Wo fühle ich mich angegriffen und muss mich klar verteidigen?
Wer versucht mich von meinem Platz zu verdrängen?

Wenn Sie eine Beziehung suchen, raten die Sieben Stäbe:

Falls Sie den Eindruck haben, dass Ihnen jemand den Platz streitig machen will, sollten Sie Ihren Anspruch jetzt deutlich anmelden und Ihre gute Position entschlossen verteidigen.

Wo mischt sich jemand zu sehr in mein Leben ein?
Wie standfest wirke ich momentan auf andere?

Das geben die Sieben Stäbe zu bedenken:

Auch dort, wo wir uns zu Recht verteidigen, können Angriffe von außen immer auch ein Hinweis auf eigene, unterdrückte Impulse sein. Sich angemessen zu wehren und sich gleichzeitig nach den Gründen der Einmischung zu fragen, wäre Ausdruck wahrer Stärke.

Acht Stäbe

Darum geht es: Beschleunigung, Dynamik, Schwung, gute Nachrichten, erfreuliche Entwicklung

Das ist jetzt wichtig: Lassen Sie sich überraschen!

Zu Ihrer Beziehung sagen Ihnen die ACHT STÄBE:

Günstige Umstände könnten dafür sorgen, dass eine Angelegenheit schneller als gedacht einen erfreulichen Verlauf nimmt. Das hat nicht zuletzt auch damit zu tun, dass Sie beide auf gleicher Wellenlänge sind und damit positive Entwicklungen geradezu magisch anziehen.

Was wäre das Schönste, was uns jetzt passieren könnte?
Wo hoffen wir auf eine gute, schnelle Lösung?

Wenn Sie eine Beziehung suchen, raten die ACHT STÄBE:

Es liegt etwas in der Luft! Vielleicht erhalten Sie bald einen Brief, unerwarteten Besuch oder einen überraschenden Anruf. Rechnen Sie mit allem – vor allem mit dem Schönen!

Glaube ich an schöne Überraschungen?
Wie positiv wirke ich momentan auf andere?

Das geben die ACHT STÄBE zu bedenken:

Gerade wenn wir vielleicht schon nicht mehr daran glauben, erfüllen sich Wünsche, bekommen wir Unterstützung oder erreicht uns die befreiende Nachricht. Schneller als wir denken, kann sich eine schwierige Situation auf überraschende Weise plötzlich zum Guten wenden.

Neun Stäbe

Darum geht es: Zurückhaltung, Verschlossenheit, Misstrauen, Vorsicht

Das ist jetzt wichtig: Bleiben Sie wachsam!

Zu Ihrer Beziehung sagen Ihnen die Neun Stäbe:
Sie halten sich momentan in der Beziehung eher bedeckt, weil Sie sich vielleicht vor dem Aufbrechen alter Wunden fürchten. Eine gewisse Vorsicht kann zwar angebracht sein, aber zu viel ängstliche Zurückhaltung kann auch einfach nur abweisend wirken.

Wann reagiere ich dem anderen gegenüber besonders empfindlich?
Ist meine abwehrende Haltung wirklich angebracht?

Wenn Sie eine Beziehung suchen, raten die Neun Stäbe:
Es scheint, dass eine alte Wunde noch nicht ganz verheilt ist. Gehen Sie behutsam mit sich um, aber schotten Sie sich jetzt nicht vor neuen Erfahrungen ab.

Wie sehr befürchte ich, wieder verletzt zu werden?
Wie ängstlich wirke ich momentan auf andere?

Das geben die Neun Stäbe zu bedenken:
Wir alle tragen innere und äußere Narben mit uns herum, die uns an alte Verletzungen und Wunden erinnern. Es sind Spuren unseres Lebens, das oftmals schmerzlich und enttäuschend verlief. Zugleich sind sie aber auch Ausdruck für ein Leben, das gewagt und gelebt wird.

Zehn Stäbe

Darum geht es: Alleingang, Anstrengung, Belastung, Überforderung

Das ist jetzt wichtig: Gehen Sie an Ihre Grenzen!

Zu Ihrer Beziehung sagen Ihnen die ZEHN STÄBE:

Sie durchlaufen in der Beziehung gerade eine anstrengende Phase. Irgendwie scheint es keine Lösung für bestehende Schwierigkeiten zu geben. Halten Sie durch und holen Sie sich wenn nötig auch Hilfe. So aussichtslos, wie Sie vielleicht meinen, ist die Situation nämlich nicht.

Wo stoßen wir gerade an unsere Grenzen?
Was erlebe ich in der Beziehung als anstrengend?

Wenn Sie eine Beziehung suchen, raten die ZEHN STÄBE:

Es gibt keinen Grund anzunehmen, dass Sie alles immer alleine bewältigen müssen. Gestehen Sie es sich ein, wenn Sie überfordert sind und suchen Sie sich rechtzeitig Unterstützung.

Wo habe ich die Perspektive verloren?
Wie gestresst wirke ich momentan auf andere?

Das geben die ZEHN STÄBE zu bedenken:

Es gibt Herausforderungen, die nicht von heute auf morgen zu lösen sind. Gerade an solchen Belastungen können wir besonders wachsen. Haben wir aber jede Perspektive verloren, sollten wir bedenken, dass niemand den Himmel sehen kann, der den Blick gesenkt hält!

Bube der Stäbe

Darum geht es: ein spannendes Angebot

Das ist jetzt wichtig: Lassen Sie sich mitreißen!

Zu Ihrer Beziehung sagt Ihnen der Bube der Stäbe:

Rechnen Sie mit einem spannenden Vorschlag, einem zündenden Impuls. Er kann von Ihrem Partner kommen, aber auch von jemand anderem. Lassen Sie sich begeistern und dazu ermuntern, dabei ruhig auch einen Schritt ins Unbekannte zu wagen.

Wie spontan und initiativ erlebe ich meinen Partner?
Wie leicht sind wir beide für ein Abenteuer zu haben?

Wenn Sie eine Beziehung suchen, rät der Bube der Stäbe:

Etwas mehr Mut zum Risiko kann Ihnen nicht schaden. Lassen Sie sich jetzt von jemandem mitreißen und flirten Sie dabei ruhig auch mal mit dem Unberechenbaren.

Wie leicht fange ich Feuer?
Wie begeisterungsfähig wirke ich momentan auf andere?

Das gibt der Bube der Stäbe zu bedenken:

Das Leben lockt uns immer wieder durch überraschende Möglichkeiten aus der alltäglichen Routine. Solange wir auch darauf reagieren, bleibt unser Leben spannend. Verzichten wir mehr und mehr zu Gunsten von Sicherheit, geht jedes Mal auch die Chance auf ein Stück mehr Lebendigkeit an uns vorbei.

Ritter der Stäbe

Darum geht es: hitzige Atmosphäre, Enthusiasmus, Spannung, Aufregung

Das ist jetzt wichtig: Zeigen Sie Ihre Ungeduld!

Zu Ihrer Beziehung sagt Ihnen der RITTER DER STÄBE:

Sie erleben zusammen eine dynamische Phase, die keine Langeweile kennt und in der es manchmal auch drunter und drüber gehen kann. Eine gute Zeit für gemeinsame, spontane Unternehmungen, sportliche Aktivitäten und vielleicht auch eine kurze Reise.

Wie abwechslungsreich ist unser Beziehungsalltag?
Herrscht in unserer Beziehung zu viel Hektik und Stress?

Wenn Sie eine Beziehung suchen, rät der RITTER DER STÄBE:

Stürzen Sie sich beherzt in den Trubel und nehmen Sie ein Bad in der Menge! Der beste Ort für einen aufregenden Flirt ist jetzt tatsächlich dort, wo es wild, laut und hitzig zugeht!

Welches Umfeld erlebe ich als spannend und anregend?
Wie dynamisch wirke ich momentan auf andere?

Das gibt der RITTER DER STÄBE zu bedenken:

Die Kraft der Begeisterung hält uns jung und vital, selbst wenn sich so mancher zündende Funke rückblickend vielleicht doch nur als Strohfeuer erweist. Solange wir uns Freude und Enthusiasmus bewahren, bleiben wir voller Lebendigkeit.

Königin der Stäbe

Als Frauentyp:	die Selbständige, die Kreative, die Sportliche, die Chefin
Als dunkle Seite:	die Herrische, die Diva
Als Partnerin:	die unkomplizierte, unternehmungslustige Frau

Zu Ihrer Beziehung sagt Ihnen die Königin der Stäbe:
Die optimistische Stabkönigin zeigt die Bereitschaft, sich begeistern und motivieren zu lassen. Eine dynamische Frau könnte Ihnen dazu jetzt einen wertvollen Hinweis oder einen guten Rat geben. Diese Karte kann aber ebenso Ihren Partner oder sogar Sie selbst zeigen.

Wer könnte diese temperamentvolle Person sein?
Wie könnte sie für uns jetzt hilfreich sein?

Wenn Sie eine Beziehung suchen, rät die Königin Der Stäbe:
Die selbstbewusste Stabkönigin erinnert Sie an Ihre begeisterungsfähige Seite. Sie steht für Lebensfreude und Herzlichkeit und könnte Ihnen schon bald auch tatsächlich begegnen.

Kenne und schätze ich meine wilde Seite?
Wie könnte ich sie noch kreativer entfalten?

Das gibt die Königin der Stäbe zu bedenken:
Unsere Fähigkeit, auf die Herausforderungen des Lebens mutig und spontan zu reagieren, ist Ausdruck einer inneren Glut, die jederzeit bereit ist, ihre Funken überspringen zu lassen, um so das sprühende Feuer der Kreativität immer wieder aufs Neue zu entflammen.

König der Stäbe

Als Männertyp:	der Abenteurer, der Eroberer, der Sieger, der Chef
Als dunkle Seite:	der Egoist, der Macho
Als Partner:	der sportliche, aktive Mann

Zu Ihrer Beziehung sagt Ihnen der König der Stäbe:
Ein Manager ist gefragt und damit jemand, der Probleme aktiv angeht und Ihnen jetzt mit Kraft und Tat zur Seite steht. Es könnte sich beim selbstbewussten Stabkönig aber auch um Sie selbst oder Ihren Partner handeln.

Wer könnte diese erfolgreiche Person sein?
Wie könnte sie jetzt hilfreich für uns sein?

Wenn Sie eine Beziehung suchen, rät der König der Stäbe:
Der entschlossene Stabkönig ermutigt Sie, anderen gegenüber jetzt souverän und initiativ aufzutreten. Vielleicht begegnet er Ihnen aber schon bald auch tatsächlich.

Kenne und schätze ich meine starke Seite?
Wo könnte ich sie noch aktiver zum Ausdruck bringen?

Das gibt der König der Stäbe zu bedenken:
Wer, wenn nicht ich, und wann, wenn nicht jetzt? Es gibt niemanden, der sich besser für die Gestaltung unseres Lebens eignet, als wir selbst. Und es ist nie zu spät, das Steuer unseres Schiffs wieder selbst in die Hand zu nehmen und den Kurs entschlossen vorzugeben.

As der Münzen

Darum geht es: die Chance auf einen lukrativen Gewinn

Das ist jetzt wichtig: Schaffen Sie bleibende Werte!

Zu Ihrer Beziehung sagt Ihnen das As der Münzen:
Es bietet sich jetzt die Chance, gemeinsam etwas Wertvolles zu schaffen oder finanziellen Gewinn zu erwirtschaften. Wünsche oder Ideen, die konkret umgesetzt und gestaltet werden, versprechen so schon bald den gemeinsamen Lebensalltag zu verschönern und zu bereichern.

Worin liegen unsere gemeinsamen Werte?
Welche lohnenden Möglichkeiten bieten sich uns gerade?

Wenn Sie eine Beziehung suchen, rät das As der Münzen:
Chancen, Glück und Reichtum zu finden, gibt es immer wieder. Doch damit sie sich realisieren können, müssen wir auch unseren Beitrag leisten. Kaufen Sie sich also zumindest ein Los!

Welche konkrete Chance gilt es zu ergreifen?
Wie handlungsfreudig wirke ich momentan auf andere?

Das gibt das As der Münzen zu bedenken:
Materielle Ziele anzustreben ist nichts Verwerfliches. Deren konkrete Verwirklichung ist auch ein Ausdruck von Tüchtigkeit. Nur wenn es zu einer seelenlosen Anhäufung von Dingen kommt, vergeuden wir unnötig göttliche Ressourcen.

Zwei Münzen

Darum geht es: Improvisation, Lockerheit, Verspieltheit, Leichtigkeit

Das ist jetzt wichtig: Seien Sie flexibel!

Zu Ihrer Beziehung sagen Ihnen die ZWEI MÜNZEN:
Sie spielen sich momentan gegenseitig die Bälle zu und das macht den gemeinsamen Alltag angenehm unkompliziert. Dazu gehört auch, dass Sie so manches etwas weniger ernst nehmen als sonst, wodurch sich Fixierungen auflösen und plötzlich vieles möglich wird.

Was würden wir gerne zusammen ausprobieren?
Worauf haben wir uns bisher zu sehr fixiert?

Wenn Sie eine Beziehung suchen, raten die ZWEI MÜNZEN:
Halten Sie sich jetzt ruhig mehrere Optionen offen. Wenn Sie geschickt jonglieren, können Sie diesmal tatsächlich sowohl die Taube auf dem Dach als auch den Spatz in der Hand haben.

Wo geht es jetzt um ein Sowohl als Auch?
Wie flexibel wirke ich momentan auf andere?

Das geben die ZWEI MÜNZEN zu bedenken:
Manchmal ist der Weg des geringsten Widerstandes nicht nur der angenehmste, sondern tatsächlich auch der klügste. Wer das Spiel mit den Möglichkeiten beherrscht, dem fällt es leichter, locker zu bleiben und mit dem ewigen Wandel der Dinge kreativ umzugehen.

Drei Münzen

Darum geht es: Krisenbewältigung, Prüfung, Entwicklung, Reifeschritt

Das ist jetzt wichtig: Zeigen Sie, dass Sie dazugelernt haben!

Zu Ihrer Beziehung sagen Ihnen die Drei Münzen:
Ihre Beziehung steht an einem Punkt, an dem Sie gemeinsam eine neue Ebene betreten und damit vielleicht auch materiell eine Veränderung zum Besseren erreichen können.Vorangegangene Krisen sind überwunden und beide Seiten sollten daraus gelernt haben.

Was hat sich konkret in der Beziehung verändert?
Wo haben wir endlich eine Hürde überwunden?

Wenn Sie eine Beziehung suchen, raten die Drei Münzen:
Sollten Sie im zwischenmenschlichen Bereich gerade eine Art »Prüfung« zu bestehen haben, können Sie jetzt beweisen, dass Sie einiges dazugelernt haben!

Wo bin ich reifer geworden und fühle mich daher sicherer?
Wie lernwillig wirke ich auf andere?

Das geben die Drei Münzen zu bedenken:
Nach jeder Prüfung stehen wir gleichzeitig am Ende wie auch am Anfang einer Entwicklungsphase. Immer sind wir Lehrling und Meister zugleich und jede neu erreichte Ebene sollten wir mit der Freude auf das Unbekannte, aber ebenso mit dem Respekt vor der Herausforderung betreten.

Vier Münzen

Darum geht es: ängstliche Vorsicht, Sparsamkeit, Geiz, Klammern, Erstarrung

Das ist jetzt wichtig: Sparen, aber horten Sie nicht!

Zu Ihrer Beziehung sagen Ihnen die VIER MÜNZEN:
Irgendwie scheint Ihre Beziehung zu eng oder festgefahren zu sein. Vielleicht sind Sie zu unbeweglich oder klammern zu sehr aneinander. Überprüfen Sie, wo Absicherung und Zurückhaltung jetzt wirklich sinnvoll sind und wo dies nur zu unnötiger Verkrampfung führt.

Befürchte ich, in der Partnerschaft zu kurz zu kommen?
Wie steht es um unsere finanzielle Situation?

Wenn Sie eine Beziehung suchen, raten die VIER MÜNZEN:
Auch wenn eine gewisse Vorsicht durchaus angebracht sein kann, sollten Sie mit den vorhandenen Mitteln auf keinen Fall geizen. Übertriebene Sparsamkeit wirkt nun mal nicht besonders attraktiv!

Verhalte ich mich öfter unnötig kleinlich?
Wie vorsichtig wirke ich momentan auf andere?

Das geben die VIER MÜNZEN zu bedenken:
Wer jederzeit spart, hat immer Not! Materielle Sicherheit ist nicht nur eine Frage der Höhe des Bankkontos, sondern auch der verfügbaren vitalen Lebensenergie, mit der wir dafür sorgen, dass wir stets auch das haben, was wir wirklich brauchen.

Fünf Münzen

Darum geht es: vorübergehende Trennung, Krise, Mangel, Heimatlosigkeit

Das ist jetzt wichtig: Bewältigen Sie die Durststrecke!

Zu Ihrer Beziehung sagen Ihnen die FÜNF MÜNZEN:
Möglicherweise befindet sich Ihre Beziehung gerade in einer Umbruchphase, in der vieles in Frage gestellt wird. Die alten Strukturen tragen nicht mehr und die Zukunft ist noch sehr ungewiss. Ein Zurück gibt es aber nicht, die Lösung liegt nur vor Ihnen.

Wo müssen wir jetzt einen Engpass in Kauf nehmen?
Was brauchen wir, um »über die Runden« zu kommen?

Wenn Sie eine Beziehung suchen, raten die FÜNF MÜNZEN:
Sehen Sie die derzeitigen Unsicherheiten nicht nur als Unglück. Obwohl das Eis sehr dünn ist, gibt es gute Chancen, dass es Sie dennoch trägt!

Wer steht mir in schwierigen Zeiten zur Seite?
Wie verunsichert wirke ich momentan auf andere?

Das geben die FÜNF MÜNZEN zu bedenken:
Krisen oder Anfangsschwierigkeiten müssen kein Hinweis dafür sein, dass wir uns auf dem Holzweg befinden. Gerade wenn wir Vertrautes verlassen, brauchen wir Zeit, um uns neu zu orientieren. Wichtig ist, die Kräfte gut einzuteilen, damit unsere Reserven auch ausreichen.

Sechs Münzen

Darum geht es:	Belohnung, Toleranz, Ausgewogenheit, Hilfsbereitschaft
Das ist jetzt wichtig:	Zeigen Sie sich großzügig!

Zu Ihrer Beziehung sagen Ihnen die Sechs Münzen:
Begegnen Sie einander jetzt mit Toleranz und unterstützen Sie sich gegenseitig. Dieses Wohlwollen führt zu einem gesunden Gleichgewicht zwischen Nehmen und Geben in Ihrer Beziehung. Das macht beide zufrieden und sorgt für ein angenehmes Alltagsklima.

Wie wohlwollend und tolerant sind wir im Umgang miteinander?
Wie könnte ich meinen Partner mehr unterstützen?

Wenn Sie eine Beziehung suchen, raten die Sechs Münzen:
Seien Sie nicht ganz so wählerisch und sehen Sie öfter einmal über Schwächen anderer großzügig hinweg. Sie könnten sonst einen echten Schatz leicht übersehen!

Bin ich auch bereit zu geben, was ich bekommen möchte?
Wie hilfsbereit wirke ich momentan auf andere?

Das geben die Sechs Münzen zu bedenken:
Wahre Großzügigkeit erwartet keine Dankbarkeit, sondern ist selbst Ausdruck tiefster Dankbarkeit dafür, dass das Leben sich uns gegenüber in seiner Fülle gezeigt hat. Es ist dann nicht Pflicht, sondern vielmehr Freude, andere an unserem Reichtum teilhaben zu lassen.

Sieben Münzen

Darum geht es: Warten, Reifung, Wachstum, Schwangerschaft

Das ist jetzt wichtig: Üben Sie sich in Geduld!

Zu Ihrer Beziehung sagen Ihnen die Sieben Münzen:
Sie haben getan, was Sie konnten und es geht jetzt darum, abzuwarten, was sich nach und nach daraus entwickelt. Es braucht ganz einfach Zeit und vor allem viel Geduld, damit das Gesäte wachsen und gedeihen kann. Sie können dabei gar nichts beschleunigen.

Vertrauen wir darauf, dass unsere Anstrengungen bald Früchte tragen?
Sind wir vielleicht zu ungeduldig?

Wenn Sie eine Beziehung suchen, raten die Sieben Münzen:
Ein bisschen Geduld müssen Sie noch haben! Da könnte zwar schon etwas im Wachsen, aber noch nicht reif für die Ernte sein! Das Warten dürfte sich aber wirklich lohnen.

Wen oder was kann ich kaum erwarten?
Wie geduldig wirke ich momentan auf andere?

Das geben die Sieben Münzen zu bedenken:
Den meisten Menschen fällt es viel leichter geschäftig zu sein und aktiv einzugreifen, als darauf zu vertrauen, dass viele Dinge auch ohne unser Zutun ihren natürlichen Lauf nehmen und zu ihrer Zeit reif werden. Dahinter steckt nicht selten auch mangelndes Gottvertrauen.

Acht Münzen

Darum geht es: Lernphase, Beginn, Übung, Aufbauarbeit, aussichtsreiches Projekt

Das ist jetzt wichtig: Bleiben Sie dran!

Zu Ihrer Beziehung sagen Ihnen die Acht Münzen:
Auch wenn es sich noch ungewohnt oder neu anfühlt, so scheinen Sie gemeinsam etwas begonnen zu haben, was langfristig gute Aussichten auf Erfolg hat. Dabei werden Sie zeigen müssen, wie sehr Sie bereit sind, trotz Anfangsschwierigkeiten beharrlich weiterzumachen.

Wo sind wir in unserer Beziehung noch »Anfänger«?
Was möchten wir gemeinsam aufbauen?

Wenn Sie eine Beziehung suchen, raten die Acht Münzen:
Was immer gerade dabei ist, Gestalt anzunehmen, hat gute Aussichten, auf lange Sicht zu halten. Es gibt keinen Grund, die Dinge jetzt unnötig voranzutreiben. Das wird schon!

Woran möchte ich ernsthaft arbeiten?
Wie ausdauernd wirke ich momentan auf andere?

Das geben die Acht Münzen zu bedenken:
Wer sich weigert Schüler zu sein, kann niemals Meister werden. So manche Idee scheitert daran, dass sie über die anfängliche Begeisterung hinaus keinen Bestand hat. Wer hoch hinauswill, braucht nicht nur Ausdauer, sondern vor allem ein solides, tragfähiges Fundament.

Neun Münzen

Darum geht es: Liebesglück, schöne Überraschung, Glücksfall, Heiratsantrag

Das ist jetzt wichtig: Machen Sie Ihr Glück!

Zu Ihrer Beziehung sagen Ihnen die NEUN MÜNZEN:
Es sieht danach aus, als würde ein lang gehegter Wunsch für Sie beide schon bald Wirklichkeit werden. Sie haben Ihr Glück dabei mehr in der Hand, als Ihnen vielleicht bewusst ist. Sind Sie auch bereit, jetzt dafür etwas zu tun?

Was würde uns glücklich machen?
Welchen Einsatz könnten wir dafür leisten?

Wenn Sie eine Beziehung suchen, raten die NEUN MÜNZEN:
Kann es sein, dass Sie eine bereits vorhandene, gute Gelegenheit, das »große Los« zu ziehen, bisher ganz einfach übersehen haben?

Wie könnte ich dem Glück etwas auf die Sprünge helfen?
Wie glücklich wirke ich momentan auf andere?

Das geben die NEUN MÜNZEN zu bedenken:
Oftmals klopft das Glück an die Tür, aber keiner ist zu Hause, um zu öffnen. Viele gute Gelegenheiten und echte Chancen verstreichen im Leben ungenutzt, weil wir sie vor lauter Hektik nicht erkennen oder zu lange zögern, sie auch beherzt zu ergreifen.

Zehn Münzen

Darum geht es: Liebesglück, Wohlstand, Angenehmes, Sicherheit

Das ist jetzt wichtig: Erkennen Sie Ihren Reichtum!

Zu Ihrer Beziehung sagen Ihnen die ZEHN MÜNZEN:
Das Leben meint es wirklich gut mit Ihnen beiden. Sie können aus dem Vollen schöpfen und es sind auch noch genügend verborgene Schätze da, die es zu entdecken gibt. Nur selten zeigt diese Karte den goldenen Käfig, in dem man auch wunschlos unglücklich sein kann.

Worin besteht der Reichtum unserer Beziehung?
Was gilt es, am anderen noch mehr wertzuschätzen?

Wenn Sie eine Beziehung suchen, raten die ZEHN MÜNZEN:
Versuchen Sie bei anderen auch Werte zu erkennen, die sich vielleicht nicht auf den ersten Blick zeigen. Interesse für das weniger Vordergründige könnte sich jetzt auszahlen.

Welche Werte sind mir wichtig?
Wie reich wirke ich momentan auf andere?

Das geben die ZEHN MÜNZEN zu bedenken:
Reichtum ist nicht nur eine äußere Menge, die sich in Zahlen bemisst, sondern vor allem ein inneres Empfinden. Ein Mensch kann viel haben und dennoch Mangel erleben, während ein anderer in der Fülle des Wenigen schwelgt. Haben oder sein – das ist hier die Frage!

Bube der Münzen

Darum geht es: ein konkreter Vorschlag

Das ist jetzt wichtig: Greifen Sie zu!

Zu Ihrer Beziehung sagt Ihnen der Bube der Münzen:

Ihr Partner oder jemand, der Ihnen wohl gesonnen ist, macht Ihnen jetzt einen lukrativen Vorschlag oder ein wertvolles Geschenk. Vielleicht haben Sie schon darauf gewartet, vielleicht kommt es aber auch ganz überraschend. Es ist für Sie in jedem Fall bereichernd.

Wie großzügig erlebe ich meinen Partner?
Wie beschenken wir uns gegenseitig?

Wenn Sie eine Beziehung suchen, rät der Bube der Münzen:

Ein konkretes Angebot sollten Sie jetzt ruhig annehmen, ohne sich dabei gleich verpflichtet zu fühlen, dafür sofort eine entsprechende Gegenleistung erbringen zu müssen.

Wie gut kann ich annehmen und genießen?
Wie wertbewusst wirke ich momentan auf andere?

Das gibt der Bube der Münzen zu bedenken:

Wenn wir in dem, was wir bekommen, stets das erkennen können, was wir gerade brauchen, sind wir dem Glück ein gutes Stück näher gekommen. Der Wert einer Sache liegt nicht in ihr selbst, sondern allein in unserer Wertschätzung für sie.

Ritter der Münzen

Darum geht es: ruhige Atmosphäre, Sinnlichkeit, Beständigkeit, Gewohnheit

Das ist jetzt wichtig: Zeigen Sie Ihre Liebe für das Vertraute!

Zu Ihrer Beziehung sagt Ihnen der Ritter der Münzen:

Ihre Beziehung befindet sich in einer ruhigen, beständigen Phase, in der alles seinen geregelten Gang geht. Sie können sich aufeinander verlassen und schätzen, was Sie aneinander haben. Diese solide Basis ermöglicht es jetzt, auf lange Sicht Pläne zu schmieden.

Wie verbindlich und beständig ist unser Beziehungsalltag?
Wo müssen wir darauf achten, nicht unbeweglich zu werden?

Wenn Sie eine Beziehung suchen, rät der Ritter der Münzen:

Das Gewohnte und Vertraute mag sich sicher und auch bequem anfühlen, aber vielleicht hält es Sie auch in einer Routine, die wenig Raum für Überraschungen oder Neues lässt.

Welches Umfeld erlebe ich als ruhig und gemütlich?
Wie etabliert wirke ich momentan auf andere?

Das gibt der Ritter der Münzen zu bedenken:

Wenn die alltäglichen Dinge in guter Weise geregelt sind, vermittelt uns dies ein Gefühl der Sicherheit und Stabilität. Solange dies nicht auf Kosten der Lebendigkeit und des Genusses geht, ist Beständigkeit und Vertrautheit tatsächlich auch Grundlage für ein angenehmes Leben.

Königin der Münzen

Als Frauentyp: die Bodenständige, die Häusliche, die Praktische, die Geschäftsfrau

Als dunkle Seite: die Gierige, die Geizige

Als Partnerin: die natürliche, sinnliche Frau

Zu Ihrer Beziehung sagt Ihnen die KÖNIGIN DER MÜNZEN:
Die tüchtige Münzkönigin steht für die Bereitschaft, konkreter und beständiger zu werden. Eine praktische Frau könnte Ihnen dazu jetzt einen wertvollen Hinweis oder Rat geben. Diese Karte kann aber ebenso Ihren Partner oder sogar Sie selbst zeigen.

Wer könnte diese bodenständige Person sein?
Wie könnte sie für uns jetzt hilfreich sein?

Wenn Sie eine Beziehung suchen, rät die KÖNIGIN DER MÜNZEN:
Die umsichtige Münzkönigin erinnert Sie an Ihre geduldige Seite. Sie steht für Natürlichkeit und Treue und könnte Ihnen schon bald auch tatsächlich begegnen.

Kenne und schätze ich meine sinnliche Seite?
Wie könnte ich sie noch mehr entfalten?

Das gibt die KÖNIGIN DER MÜNZEN zu bedenken:
In jedem von uns lebt eine wohlwollende, nährende Mutter, die dafür sorgt, dass wir mit allem versorgt werden, was wir zum Leben brauchen. Solange wir mit ihr in Kontakt sind, mangelt es uns an nichts. Verdrängen oder missachten wir sie, bleibt unser Hunger oft unstillbar.

König der Münzen

Als Männertyp: der Beständige, der Sammler, der Handwerker, der Verwalter

Als dunkle Seite: der Biedermann, der Sturkopf

Als Partner: der zuverlässige, treue Mann

Zu Ihrer Beziehung sagt Ihnen der König der Münzen:
Ein Realist ist gefragt und damit jemand, der handwerklich geschickt ist oder Ihnen im Umgang mit den Finanzen kompetent zur Seite steht. Es könnte sich beim soliden Münzkönig aber auch um Sie selbst oder Ihren Partner handeln.

Wer könnte diese bodenständige Person sein?
Wie könnte sie jetzt hilfreich für uns sein?

Wenn Sie eine Beziehung suchen, rät der König der Münzen:
Der gutmütige Münzkönig ermutigt Sie, anderen gegenüber jetzt gelassen und großzügig aufzutreten. Vielleicht begegnet er Ihnen aber schon bald auch tatsächlich.

Kenne und schätze ich meine beständige Seite?
Wo könnte ich sie noch aktiver zum Ausdruck bringen?

Das gibt der König der Münzen zu bedenken:
Die Fähigkeit, sich Umstände zu schaffen, in denen wir uns sicher und stabil fühlen, ist ein Ausdruck von Lebenstüchtigkeit und selbstverantwortlichem Handeln. Kommt auch noch die Souveränität im Umgang mit materiellen Dingen und der Genuss dazu, ist dies schon Lebenskunst.

As der Schwerter

Darum geht es: die Chance, eine Entscheidung zu treffen

Das ist jetzt wichtig: Schaffen Sie Klarheit!

Zu Ihrer Beziehung sagt Ihnen das As der Schwerter:
Wo immer jetzt Urteilsvermögen oder eine kluge Vorgehensweise gefragt ist, können Sie zu einer guten Lösung finden. Auch besteht eine echte Chance, etwas in Ihrer Beziehung endlich zu klären und dann eine für beide Seiten akzeptable Entscheidung zu treffen.

Welche Entscheidung steht für uns an?
Wo müssen wir etwas klären?

Wenn Sie eine Beziehung suchen, rät das As der Schwerter:
Machen Sie sich selbst und damit auch anderen klar, wo Sie wirklich stehen. Das könnte im zwischenmenschlichen Bereich einiges zurechtrücken, was bisher für Verwirrung gesorgt hat.

Wo gilt es jetzt endlich Klarheit zu schaffen?
Wie eindeutig wirke ich momentan auf andere?

Das gibt das As der Schwerter zu bedenken:
Mit der nötigen Distanz und Sachlichkeit kann so manche Situation besser beurteilt werden, als aus einer momentanen Stimmungslage heraus. Ein kluger Geist zeichnet sich nicht zuletzt dadurch aus, dass er fähig ist, Entscheidungen klar, entschlossen und unabhängig zu treffen.

Zwei Schwerter

Darum geht es: Kopflastigkeit, Skepsis, Widerspruch, Misstrauen

Das ist jetzt wichtig: Zweifeln, aber verzweifeln Sie nicht!

Zu Ihrer Beziehung sagen Ihnen die Zwei Schwerter:
Sie sind hin- und hergerissen und scheinen in einen Interessenskonflikt geraten zu sein. Oder wissen Sie nicht, ob Sie Ihrem Partner noch vertrauen können? Nur mit dem Kopf werden Sie kaum eine klare Antwort finden. Das Gefühl wird helfen, die Zweifel zu beseitigen.

Begegnen wir uns mit zu viel Misstrauen?
Zweifle ich an der Beziehung?

Auf der Suche nach einer Beziehung raten die Zwei Schwerter:
Seien Sie durchaus wählerisch, was neue Kontakte anbelangt, aber machen Sie sich nicht verrückt, indem Sie sich ständig im Kreise drehen. Eindeutigkeit ist nicht von dieser Welt.

Betrachte ich mich auch selbstkritisch?
Wie skeptisch wirke ich momentan auf andere?

Das geben die Zwei Schwerter zu bedenken:
Zweifel an unserer Umgebung sind manchmal auch ein Ausdruck von mangelndem Vertrauen in uns selbst. Kommen wir unserer inneren Ungläubigkeit und Zerrissenheit nicht auf die Schliche, werden wir auch im Außen nur schwer Vertrauen fassen oder uns überzeugen lassen.

Drei Schwerter

Darum geht es: Verzicht, schwerer Entschluss, nüchterne Erkenntnis, Notwendigkeit

Das ist jetzt wichtig: Tun Sie, was getan werden muss!

Zu Ihrer Beziehung sagen Ihnen die DREI SCHWERTER:

Es hilft nichts, wenn Sie eine unangenehme Entscheidung oder ein schwieriges Gespräch länger hinauszögern. Bringen Sie es am besten schnell hinter sich und tun Sie, was getan werden muss. Danach wird zwischen Ihnen alles klarer und auch leichter sein.

Welches Problem schieben wir unnötig vor uns her?
Wo ist jetzt eine kluge, wenn auch schmerzhafte Lösung gefragt?

Wenn Sie eine Beziehung suchen, raten die DREI SCHWERTER:

Solange Sie nicht dort hinschauen, wo das wahre Problem liegt, werden Sie auch die Lösung nicht sehen können. Der Schmerz weist Ihnen jetzt den Weg zur richtigen Entscheidung.

Welcher Schritt ist jetzt vernünftig, auch wenn er schmerzt?
Wie einsichtig wirke ich momentan auf andere?

Das geben die DREI SCHWERTER zu bedenken:

Auch eine kluge Einsicht kann wehtun und die richtige Entscheidung schmerzhaft sein. Gerade in solchen Augenblicken sollten wir aber dankbar sein, dass wir vernunftbegabte Wesen sind, statt uns von Unlust und anderen Widerständen von einem notwendigen Schritt abhalten zu lassen.

Vier Schwerter

Darum geht es: Ruhe, Pause, Stillstand, Vergeblichkeit, Erschöpfung

Das ist jetzt wichtig: Ruhen Sie sich aus!

Zu Ihrer Beziehung sagen Ihnen die Vier Schwerter:

Ihre Beziehung braucht eine Auszeit, damit sich beide Partner Zeit für klärende Gedanken nehmen können. Jeder Versuch, jetzt durch Aktivität oder Kraftakte etwas zu verändern, ist sinnlos. Akzeptieren Sie, dass Sie momentan nichts tun können.

Welches Thema sollten wir erst einmal auf Eis legen?
Wie können wir uns am besten erholen?

Wenn Sie eine Beziehung suchen, raten die Vier Schwerter:

Vorerst ist in Sachen Liebe scheinbar nichts zu machen. Lassen Sie Ihre Absichten und Anstrengungen einfach etwas ruhen. Alles hat bekanntlich seine Zeit.

Wo habe ich mich zu sehr angestrengt?
Wie erschöpft wirke ich momentan auf andere?

Das geben die Vier Schwerter zu bedenken:

Die Fähigkeit, auf Distanz zur Betriebsamkeit des alltäglichen Lebens zu gehen, ist das beste Mittel, sich nicht in der Hektik der Zeit zu verlieren. Gerade wenn man nichts tun kann, ist es das Klügste, die Zwangspause zu nutzen, um innezuhalten und zu erkennen, was wirklich zählt.

Fünf Schwerter

Darum geht es: Streit, Niederlage, Gemeinheit, Hinterlist, Rache

Das ist jetzt wichtig: Kämpfen Sie sich durch!

Zu Ihrer Beziehung sagen Ihnen die FÜNF SCHWERTER:
Etwas ist zwischen Ihnen ziemlich schief gelaufen. Kommt es zum offenen Streit, können Sie diesmal kaum mit Rücksicht oder Fairness rechnen und damit beim anderen leider ebenso wenig erreichen. Aber einen Sieger wird es bei dieser Auseinandersetzung auch nicht geben.

Worüber droht ein Beziehungskrieg auszubrechen?
Wie können wir diesen Konflikt bestmöglich hinter uns bringen?

Wenn Sie eine Beziehung suchen, raten die FÜNF SCHWERTER:
Rechnen Sie jetzt mit einer unangenehmen Konfrontation. Versuchen Sie es erst gar nicht mit Freundlichkeit, sondern wehren Sie sich oder grenzen Sie sich unmissverständlich ab.

Bin ich in Auseinandersetzungen eher »Opfer« oder »Täter«?
Wie bedrohlich wirke ich momentan auf andere?

Das geben die FÜNF SCHWERTER zu bedenken:
Nicht immer lassen sich Konflikte vermeiden oder friedlich beilegen. Gerechtigkeit ist eine menschliche Erfindung, die uns das Leben nie versprochen hat. Wir müssen auch mit unfairen Herausforderungen rechnen und lernen, ihnen mit Entschlossenheit und Stärke zu begegnen oder sie manchmal ganz einfach auszuhalten.

Sechs Schwerter

Darum geht es: Aufbruch, Veränderung, Neuorientierung, Ungewissheit

Das ist jetzt wichtig: Gehen Sie den Weg der Angst!

Zu Ihrer Beziehung sagen Ihnen die SECHS SCHWERTER:
Innerlich haben Sie sich bereits verabschiedet, selbst wenn Sie noch nicht aufgebrochen sind. Es gibt nichts mehr, was Sie am alten Ort oder in der jetzigen Situation wirklich hält. Vielleicht machen Sie sich aber auch gemeinsam auf zu neuen, noch unbekannten Ufern.

Ist es in unserer Beziehung Zeit für eine Neuorientierung?
Wer könnte dabei unterstützend sein?

Wenn Sie eine Beziehung suchen, raten die SECHS SCHWERTER:
Eine notwendige Veränderung gehen Sie nur zögerlich an. Wagen Sie den Schritt, auch wenn Ihnen dabei mulmig zumute ist. Sie können auf hilfreiche Kräfte vertrauen.

Worauf kann ich mich nicht einlassen?
Wie verunsichert wirke ich momentan auf andere?

Das geben die SECHS SCHWERTER zu bedenken:
Manchmal wissen wir bei einem Aufbruch nur, dass es an der Zeit ist, das Alte zu verlassen und sich neu zu orientieren. Erst nach und nach erkennen wir, wo uns der Weg hinführt. Die Angst vor dem Ankommen gehört auch dazu und ist kein Grund, am Entschluss zu zweifeln.

Sieben Schwerter

Darum geht es: Cleverness, Gerissenheit, Schlauheit, Betrug, Notlüge

Das ist jetzt wichtig: Ziehen Sie sich elegant aus der Affäre!

Zu Ihrer Beziehung sagen Ihnen die Sieben Schwerter:
Einer von beiden spielt nicht mit offenen Karten oder versucht, dem anderen in irgendeiner Weise etwas vorzumachen oder einer ehrlichen Aussprache geschickt auszuweichen. Vielleicht hilft eine Notlüge jetzt aber auch tatsächlich, größeren Schaden zu verhindern.

Wo gehe ich »fremd«?
Mangelt es mir dem Partner gegenüber an Aufrichtigkeit?

Wenn Sie eine Beziehung suchen, raten die Sieben Schwerter:
Es ist klug, sich jetzt möglichst geschickt aus einer Affäre zu ziehen. Mehr können Sie momentan nicht erreichen! Passen Sie aber auf, dass Sie sich in der Art des Rückzugs nicht selbst ein Bein stellen!

Wo gilt es jetzt schlau zu sein?
Wie clever wirke ich momentan auf andere?

Das geben die Sieben Schwerter zu bedenken:
List und Tücke sind nicht immer nur Ausdruck von mangelnder Zivilcourage. Oft ist es der beste Weg, etwas Unangenehmes schnell zu beenden. Nur dort, wo wir Unerledigtes zurücklassen oder anderen bewusst Schaden zufügen, betrügen wir letztlich auch uns selbst.

Acht Schwerter

Darum geht es:	Unterdrückung, Blockade, Unfreiheit, Hemmung, Einsamkeit
Das ist jetzt wichtig:	Nehmen Sie Einschränkungen in Kauf!

Zu Ihrer Beziehung sagen Ihnen die ACHT SCHWERTER:

Sie müssen sich jetzt beherrschen und vielleicht eine gewisse Zeit etwas aushalten, was gegen Ihre Interessen geht. Es kann sein, dass Sie sich auch gegenseitig blockieren und einengen oder aber durch äußere Umstände behindert oder eingeschränkt werden.

Engen wir uns gegenseitig zu sehr ein?
Welche Seite kann ich in dieser Beziehung nicht entfalten?

Wenn Sie eine Beziehung suchen, raten die ACHT SCHWERTER:

Sie stehen sich momentan selbst im Wege. Solange Sie innerlich so verkrampft sind und sich selbst übertrieben zurückhalten, werden Sie auch anderen verschlossen und unzugänglich erscheinen.

Wodurch fühle ich mich gehemmt?
Wie angespannt wirke ich momentan auf andere?

Das geben die ACHT SCHWERTER zu bedenken:

Sich freiwillig einzuschränken, wenn die Umstände dies erfordern, ist Ausdruck von reifer Selbstdisziplin. Wer sich bewusst zu beugen vermag, kann innerlich aufrecht bleiben. Es ist eine zutiefst verwandelnde Erfahrung, zu erleben, welche Stärke gerade im freiwilligen Verzicht liegt.

Neun Schwerter

Darum geht es:	Sorgen, Scham, Schuld, Bedauern, Liebeskummer
Das ist jetzt wichtig:	Zeigen Sie Reue!

Zu Ihrer Beziehung sagen Ihnen die NEUN SCHWERTER:
Etwas plagt Sie und raubt Ihnen den Schlaf. Sie finden keine Ruhe und können sich nicht entspannen, sondern quälen sich mit Ängsten und Selbstzweifeln. Wenn Sie einen Fehler gemacht haben, ist es jetzt an der Zeit, auch dazu zu stehen.

Was gilt es, wieder in Ordnung zu bringen?
Was bereue ich zutiefst?

Wenn Sie eine Beziehung suchen, raten die NEUN SCHWERTER:
Sie hadern, weil irgendetwas schief gelaufen ist, was Sie sich nicht verzeihen können. Zeigen Sie Reue oder entschuldigen Sie sich, dann wird es Ihnen bald besser gehen.

Wer oder was bereitet mir schlaflose Nächte?
Wie sorgenvoll wirke ich momentan auf andere?

Das geben die NEUN SCHWERTER zu bedenken:
Einen Fehler zuzugeben ist Ausdruck von Reife und weiser, als das Unbehagen zu verdrängen, denn es kann uns dann als Albtraum, schlechtes Gewissen oder Depression heimsuchen. Es geht nicht darum Fehler zu vermeiden, sondern aus ihnen zu lernen. Vollkommenheit ist bekanntlich den Göttern vorbehalten!

Zehn Schwerter

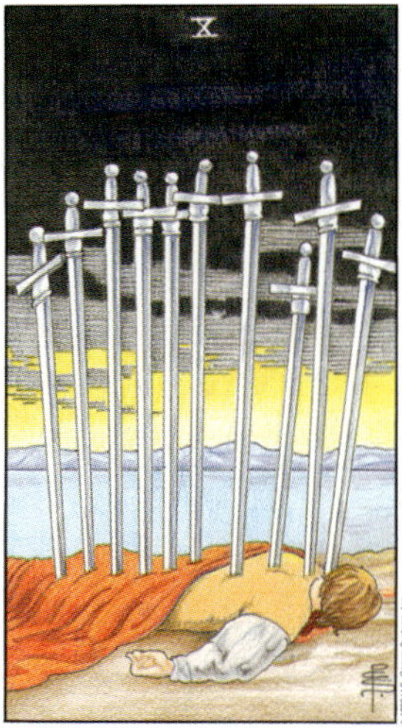

Darum geht es: radikaler Schnitt, Schlussstrich, Ausstieg, Notbremse, Abbruch

Das ist jetzt wichtig: Beenden Sie eine unheilvolle Entwicklung!

Zu Ihrer Beziehung sagen Ihnen die ZEHN SCHWERTER:
Auch wenn der Schritt schwer fällt, hat es keinen Sinn, so weiterzumachen, in der Hoffnung, dass es irgendwann besser wird. Ob es sich dabei gleich um das Ende der Beziehung handelt oder einfach darum geht, eine destruktive Entwicklung zu beenden, wissen Sie selbst am besten.

Welche ungute Entwicklung muss sofort gestoppt werden?
Wo ist jetzt ein radikaler Schritt notwendig?

Wenn Sie eine Beziehung suchen, raten die ZEHN SCHWERTER:
Lösen Sie sich jetzt kompromisslos und mit aller Konsequenz aus negativem Denken oder unheilvollen Verstrickungen der Vergangenheit. Erst dann verbessern sich auch die Aussichten für die Zukunft.

Wo gilt es jetzt radikal zu sein?
Wie konsequent wirke ich momentan auf andere?

Das geben die ZEHN SCHWERTER zu bedenken:
Es gibt Momente, in denen wir realisieren, dass wir alle Warnschilder übersehen haben und eine problematische Entwicklung einfach weiterlaufen ließen, so dass plötzlich nur noch ein radikaler Schlussstrich hilft. Ein konsequenter Schnitt verhindert dann zumindest noch größeren Schaden.

Bube der Schwerter

Darum geht es: Vorwurf oder Stichelei

Das ist jetzt wichtig: Seien Sie offen für Kritik!

Zu Ihrer Beziehung sagt der Bube der Schwerter:
Ärger liegt in der Luft und Sie sollten mit Kritik oder einem heftigen Vorwurf rechnen. Zeigen Sie sich gesprächsbereit und bemühen Sie sich, Ihrem Partner wirklich zuzuhören. Wenn Sie nicht einfach nur beleidigt reagieren, kann dieser Konflikt durchaus nützlich sein.

Wie verletzend sind unsere Auseinandersetzungen?
Wo ist die Kritik meines Partners gerechtfertigt?

Wenn Sie eine Beziehung suchen, rät der Bube der Schwerter:
Wenn Sie jemand kritisiert, sollten Sie sich nicht gleich angegriffen fühlen, sondern die Vorwürfe zum Anlass nehmen, sich ehrlich zu fragen, was daran wahr sein könnte.

Wen könnte ich bitten, mir ehrlich seine Meinung zu sagen?
Wie einsichtig wirke ich momentan auf andere?

Das gibt der Bube der Schwerter zu bedenken:
Unser Umfeld ist ein ständiger Spiegel, der uns zeigt, wo wir stehen und was wir vielleicht zu lernen haben. Reagieren wir darauf mit Ärger oder Abwehr, gehen uns oft auch wichtige Erkenntnisse verloren. Öffnen wir uns aber diesen unangenehmen Einsichten, können wir darüber nach und nach klug werden.

Ritter der Schwerter

Darum geht es: Auseinandersetzung, Widerspruch, Angriff, frostige Atmosphäre

Das ist jetzt wichtig: Zeigen Sie sich konfliktbereit!

Zu Ihrer Beziehung sagt Ihnen der RITTER DER SCHWERTER:
Zwischen Ihnen herrscht eine ungemütliche Stimmung. Es ist wahrscheinlich nur eine Frage der Zeit, bis sich die angespannte Situation entlädt und es zum Streit kommt. Doch unausgesprochener Groll ist meist belastender, als ein reinigendes Gewitter.

Wie konfliktgeladen ist unser Beziehungsalltag?
Wie steht es um unsere Streitkultur?

Wenn Sie eine Beziehung suchen, rät der RITTER DER SCHWERTER:
Die Atmosphäre in Ihrem Umfeld scheint momentan ziemlich kühl, abweisend und distanziert zu sein. Hängt das vielleicht auch mit Ihrer eigenen Unzufriedenheit zusammen?

Welches Umfeld erlebe ich als kühl oder gar aggressiv?
Wie unzufrieden wirke ich momentan auf andere?

Das gibt der RITTER DER SCHWERTER zu bedenken:
Gewitter kündigen sich atmosphärisch an. Wer aufmerksam ist und es versteht, rechtzeitig auf die dunklen Wolken am Horizont zu achten, kann entsprechende Vorkehrungen treffen, um dem Unwetter nicht plötzlich schutzlos ausgeliefert zu sein.

Königin der Schwerter

Als Frauentyp: die Intellektuelle, die Gesprächspartnerin, die Freundin, die Beraterin

Als dunkle Seite: die Kühle, die Berechnende

Als Partnerin: die unabhängige, selbständige Frau

Zu Ihrer Beziehung sagt die Königin der Schwerter:

Die ideenreiche Schwertkönigin steht für die Bereitschaft, sich neuen Gedanken gegenüber zu öffnen. Eine interessante Frau könnte Ihnen dazu jetzt einen wertvollen Hinweis oder Rat geben. Diese Karte kann aber ebenso Ihren Partner oder sogar Sie selbst zeigen.

Wer könnte diese kluge Person sein?
Wie könnte sie für uns jetzt hilfreich sein?

Wenn Sie eine Beziehung suchen, rät die Königin der Schwerter:

Die flexible Schwertkönigin erinnert Sie an Ihre unabhängige Seite. Sie steht für Toleranz und Eigenständigkeit und könnte Ihnen schon bald auch tatsächlich begegnen.

Kenne und schätze ich meine freiheitsliebende Seite?
Wie könnte ich sie noch besser entfalten?

Das gibt die Königin der Schwerter zu bedenken:

Unser Verstand ist dazu da, uns aus der Abhängigkeit von Stimmungen und Launen ebenso zu befreien, wie aus emotionalen Verstrickungen. Wahre Unabhängigkeit zeigt sich aber nicht in der Vermeidung von Verbindlichkeiten, sondern im souveränen Umgang mit ihnen.

König der Schwerter

Als Männertyp: der Händler, der Gelehrte, der Anwalt, der Berater

Als dunkle Seite: der Verkopfte, der Besserwisser

Als Partner: der tolerante, aufgeschlossene Mann

Zu Ihrer Beziehung sagt Ihnen der König der Schwerter:

Ein Berater ist gefragt und damit jemand, der mit Vernunft und Verstand nach Lösungen sucht und Ihnen jetzt mit seinem Wissen zur Seite steht. Es könnte sich beim klugen Schwertkönig aber auch um Sie selbst oder Ihren Partner handeln.

Wer könnte diese clevere Person sein?
Wie könnte sie für uns jetzt hilfreich sein?

Wenn Sie eine Beziehung suchen, rät der König der Schwerter:

Der schlagfertige Schwertkönig ermutigt Sie, anderen gegenüber jetzt klar und eindeutig aufzutreten. Vielleicht begegnet er Ihnen aber schon bald tatsächlich.

Kenne und schätze ich meine intellektuelle Seite?
Wo könnte ich sie noch aktiver zum Ausdruck bringen?

Das gibt der König der Schwerter zu bedenken:

So manche Entscheidung muss mit unzureichenden Informationen getroffen werden. Ob sie richtig war, weiß man oft erst hinterher. Stehen wir jedoch klar zu unserem Entschluss, erwächst daraus auch die Kraft, mögliche Hindernisse zu überwinden und Schwierigkeiten souverän und umsichtig zu lösen.

As der Kelche

Darum geht es: die Chance, tiefe Erfüllung zu finden

Das ist jetzt wichtig: Öffnen Sie sich für die Liebe!

Zu Ihrer Beziehung sagen Ihnen die DREI KELCHE:

Es gibt bestimmt einen Grund zu feiern und damit auch andere an Ihrer Freude teilhaben zu lassen. Vielleicht geht es aber vor allem darum, sich Ihrem Partner gegenüber dankbar zu zeigen und sich einfach nur zu zweit eine schöne Zeit zu machen.

Worüber können wir uns gemeinsam freuen?
Wofür bin ich in dieser Partnerschaft dankbar?

Wenn Sie eine Beziehung suchen, raten die DREI KELCHE:

Es würde Ihnen gut tun, mehr unter Menschen zu sein. Gehen Sie aus, amüsieren Sie sich und machen Sie sich mit anderen zusammen eine gute Zeit.

Wann habe ich das letzte Mal ausgelassen getanzt und gefeiert?
Wie dankbar und zufrieden wirke ich momentan auf andere?

Das geben die DREI KELCHE zu bedenken:

Es ist ganz einfach undankbar zu sein, wenn wir enttäuscht nur auf das schauen, was wir uns anders vorgestellt haben. Doch wenn wir lernen, unseren Blick für die Fülle des Lebens zu öffnen, werden wir erkennen, wie viel Schönes uns in jedem Moment umgibt.

Vier Kelche

Darum geht es: Überdruss, Ärger, Verstimmung, Kater, schlechte Laune

Das ist jetzt wichtig: Reagieren Sie nicht nur beleidigt!

Zu Ihrer Beziehung sagen Ihnen die Vier Kelche:
Zwischen Ihnen scheint ziemlich dicke Luft zu sein, weil zumindest einer von Ihnen richtig beleidigt ist und den anderen seinen Unmut und die schlechte Laune spüren lässt. So bleibt alles Schöne leider eine Zeit lang von einer stickigen Dunstglocke verdeckt.

Warum bin ich auf den anderen sauer?
Lohnt es sich wirklich weiterhin zu schmollen?

Wenn Sie eine Beziehung suchen, raten die Vier Kelche:
Irgendwie haben Sie von etwas oder jemandem ziemlich genug. Halten Sie trotz aller Verärgerung die Augen offen. Es gibt nämlich durchaus liebevolle Angebote.

Wie gehe ich mit schlechter Laune um?
Wie beleidigt wirke ich momentan auf andere?

Das geben die Vier Kelche zu bedenken:
Schlechte Tage kennt jeder und manchmal hilft nichts, als zu warten, bis sich der Himmel wieder klärt. Selten genug erkennen wir, dass unsere mürrische Reaktion auf unsere Umgebung uns nur noch mehr zum Opfer unserer eigenen inneren Unzufriedenheit macht.

Fünf Kelche

Darum geht es: Trauer, Enttäuschung, Verlust, Liebeskummer

Das ist jetzt wichtig: Zeigen Sie Ihren Kummer!

Zu Ihrer Beziehung sagen Ihnen die Acht Kelche:
Sie ahnen, dass es Zeit ist, sich verstärkt auf den eigenen Weg zu machen, auch wenn das beiden schwer fällt. Das Vertraute oder Gewohnte nährt Sie aber nicht mehr. Dabei kann es erst einmal um eine Horizonterweiterung gehen, die jeder für sich alleine macht.

Wo ist es an der Zeit, eigenständiger zu werden?
Wo gilt es, gemeinsam oder alleine ins Ungewisse aufzubrechen?

Wenn Sie eine Beziehung suchen, raten die Acht Kelche:
Trotz aller inneren Widerstände scheint es jetzt dennoch besser, sich von einem vertrauten Umfeld abzunabeln, um anderswo nach der großen Liebe zu suchen.

Wohin könnte mich mein Weg jetzt führen?
Wie heimatlos wirke ich momentan auf andere?

Das geben Ihnen die Acht Kelche zu bedenken:
Manchmal machen wir uns nach langem Zögern auf den Weg, um schon bald festzustellen, dass uns die Schritte unendlich schwer fallen, weil Vernunft und Kopf zwar entschieden haben, das Herz aber noch seine Zeit braucht. Erst dann fliegt auch die Seele hinterher.

Neun Kelche

Darum geht es: Freundschaft, Geselligkeit, Gemütlichkeit, Genuss

Das ist jetzt wichtig: Machen Sie sich eine gute Zeit!

Zu Ihrer Beziehung sagen Ihnen die NEUN KELCHE:

Sorgen Sie dafür, dass die angenehmen Dinge des Lebens in Ihrer Beziehung nicht zu kurz kommen. Gönnen Sie sich dabei jetzt etwas mehr als sonst. Sie haben es sich wirklich verdient. Auch ein paar erholsame Tage zu zweit oder mit Freunden würden Ihnen gut tun.

Wie gut können wir gemeinsam genießen?
Zeigen wir uns anderen gegenüber gastfreundlich?

Wenn Sie eine Beziehung suchen, raten die NEUN KELCHE:

Suchen Sie die Gesellschaft angenehmer Menschen oder laden Sie Freunde zu sich ein. Ihre zufriedene Ausstrahlung kann jetzt zu herzlichen Begegnungen und neuen Kontakten führen.

Pflege ich meine Freundschaften?
Wie gesellig wirke ich momentan auf andere?

Das geben die NEUN KELCHE zu bedenken:

Dem Leben unbeschwert und gelassen zu begegnen ist eine Kunst, die sich erlernen lässt. Der Humor ist dabei ein guter Gehilfe, der uns über so manches kleine Ärgernis des Alltags leichter hinweggehen lässt und uns wieder Entspannung und Lebensfreude bringt.

Zehn Kelche

Darum geht es: Harmonie, Zufriedenheit, Geborgenheit, Familienglück

Das ist jetzt wichtig: Genießen Sie Ihr Glück!

Zu Ihrer Beziehung sagen Ihnen die ZEHN KELCHE:

Zwischen Ihnen herrscht friedliche Eintracht und auch sonst scheint in Ihrem Alltag momentan alles in bester Ordnung zu sein. Wenn Sie das auch zutiefst empfinden und es nicht nur schöner Schein ist, dann sind Sie wirklich um Ihr Glück zu beneiden.

Wo in unserer Beziehung sind wir endlich angekommen?
Ist unsere Familie schon vollständig?

Wenn Sie eine Beziehung suchen, raten die ZEHN KELCHE:

Sie haben momentan auch allein alles, was Sie sich wünschen und strahlen diese Zufriedenheit auch aus. Umso mehr könnten sich andere Menschen zu Ihnen hingezogen fühlen.

In welchem Kreis fühle ich mich zu Hause?
Wie sorglos wirke ich momentan auf andere?

Das geben die ZEHN KELCHE zu bedenken:

Unser inneres Empfinden spiegelt sich auch in unserer Umgebung. Sind wir innerlich angekommen, zeigt sich meist auch im Außen schon bald der Platz, an dem wir uns zu Hause und geborgen fühlen. Das Paradies ist zudem meist viel näher als wir denken!

Bube der Kelche

Darum geht es: ein herzliches Angebot

Das ist jetzt wichtig: Lassen Sie sich verführen!

Zu Ihrer Beziehung sagt Ihnen der Bube der Kelche:
Sie dürfen damit rechnen, dass Ihr Partner Ihnen ein liebevolles Angebot macht oder ein anderer Mensch herzlich oder versöhnlich auf Sie zukommt. Vielleicht haben Sie schon darauf gehofft, vielleicht kommt es aber auch ganz überraschend.

Wie häufig zeigen wir uns gegenseitig unsere Zuneigung?
Wo hoffe ich auf einen Liebesbeweis?

Wenn Sie eine Beziehung suchen, rät der Bube der Kelche:
Zeigen Sie Flirtbereitschaft. Dadurch könnte sich jemand endlich trauen Sie anzusprechen oder Ihnen sogar eine Liebeserklärung zu machen.

Wie verführbar bin ich?
Wie empfänglich wirke ich momentan auf andere?

Das gibt der Bube der Kelche zu bedenken:
Wenn wir wirklich offen und bereit sind, uns berühren zu lassen, führt das nicht selten dazu, dass jemand tatsächlich einen Schritt auf uns zu macht. Gerade in Herzensangelegenheiten übertragen sich Botschaften oftmals auf wundersame Weise an ihren Bestimmungsort.

Ritter der Kelche

Darum geht es: gute Laune, Versöhnung, Friede, Romantik, Verliebtheit

Das ist jetzt wichtig: Trauen Sie Ihren Gefühlen!

Zu Ihrer Beziehung sagt Ihnen der RITTER DER KELCHE:
Es sieht danach aus, dass Sie entweder gerade frisch verliebt sind oder einfach erneut sehr romantische Gefühle füreinander hegen. Das macht Sie empfänglich für Verführungen jeglicher Art und, falls nötig, auch für eine liebevolle Versöhnung.

Wie liebevoll und zärtlich ist unser Beziehungsalltag?
Wie kommen wir gemeinsam in Stimmung?

Wenn Sie eine Beziehung suchen, rät der RITTER DER KELCHE:
Flirten Sie ruhig mit den schönen Dingen des Lebens oder lassen Sie sich wieder einmal rundum verwöhnen. Ein harmonisches Umfeld begünstigt auch romantische Begegnungen.

In welchem Umfeld fühle ich mich besonders wohl?
Wie entspannt wirke ich momentan auf andere?

Das gibt der RITTER DER KELCHE zu bedenken:
Sind wir liebevoll und versöhnlich gestimmt, erklingen meist auch in den Menschen um uns herum sanfte, harmonische Töne. Zu erkennen, wie machtvoll der Einfluss unserer eigenen Befindlichkeit auf unser Umfeld wirkt, zeigt, dass wir stets mit allem in Verbindung sind.

Königin der Kelche

Als Frauentyp:	die Mütterliche, die Kreative, die Therapeutin, die Muse
Als dunkle Seite:	die Manipulative, die Eifersüchtige
Als Partnerin:	die feinfühlige, zärtliche Frau

Zu Ihrer Beziehung sagt Ihnen die Königin der Kelche:
Die einfühlsame Kelchkönigin steht für die Bereitschaft, sich emotional zu öffnen und berühren zu lassen. Eine weise Frau könnte Ihnen dazu jetzt einen wertvollen Hinweis oder Rat geben. Diese Karte kann aber ebenso Ihren Partner oder sogar Sie selbst zeigen.

Wer könnte diese feinfühlige Person sein?
Wie könnte sie für uns jetzt hilfreich sein?

Wenn Sie eine Beziehung suchen, rät die Königin der Kelche:
Die liebevolle Kelchkönigin erinnert Sie an Ihre fantasievolle Seite. Sie steht für Weiblichkeit und Mitgefühl und könnte Ihnen schon bald auch tatsächlich begegnen.

Kenne und schätze ich meine sensible Seite?
Wie könnte ich sie noch mehr entfalten?

Das gibt die Königin der Kelche zu bedenken:
Unsere Fantasie gleicht einem Strauch mit 1000 Knospen. So lange seine Wurzeln bis zu den Wassern der Seele reichen, wird er wachsen und gedeihen und immer wieder neue, bunte Blüten hervorbringen.

König der Kelche

Als Männertyp:	der Helfer, der Heiler, der Romantiker, der Künstler
Als dunkle Seite:	der Chaot, der Schwindler
Als Partner:	der einfühlsame, liebevolle Mann

Zu Ihrer Beziehung sagt Ihnen der KÖNIG DER KELCHE:
Ein guter Freund ist gefragt und damit jemand, der Ihnen beratend, unterstützend oder auch seelisch zur Seite steht. Es könnte sich beim gefühlvollen Kelchkönig aber auch um Sie selbst oder Ihren Partner handeln.

Wer könnte diese charismatische Person sein?
Wie könnte sie jetzt hilfreich für uns sein?

Wenn Sie eine Beziehung suchen, rät der KÖNIG DER KELCHE:
Der einfühlsame Kelchkönig ermutigt Sie, sich anderen gegenüber jetzt verständnisvoll und hilfsbereit zu zeigen. Vielleicht begegnet er Ihnen aber schon bald auch tatsächlich.

Kenne ich meine fürsorgliche Seite?
Wie könnte ich sie noch aktiver zum Ausdruck bringen?

Das gibt der KÖNIG DER KELCHE zu bedenken:
Nachgiebigkeit, Güte und Hingabe mögen auf den ersten Blick vielleicht nicht typisch männliche Eigenschaften sein. Dennoch vermögen sie gerade dort, wo man sie nicht vermutet, oft weit mehr zu bewirken, als übertriebener Aktivismus oder reine Kraftakte.

Es geht auch ohne Karten – Zahlenscheibe

160 102

122 48 164 70

158 60 150 50 36 42

124 142 108 144 154 138 152

84 162 136 170 88 114 54 110 72

190 112 86 34 148 46 126 166 44 140

62 178 40 68 146 90 82 128 118

132 156 74 172 168 32 58

116 64 94 180 92 66 176 130 100 96

98 56 104 182 78 174

120 188 52 134 38 184

80 186 106

Über die Autorin

Brigitte Theler ist Psychologische Astrologin, Autorin und Co-Autorin mehrerer Bücher über Astrologie und Tarot. Seit 1992 ist sie Redakteurin des Magazins von ASTROLOGIE HEUTE. Zusammen mit Hajo Banzhaf leitet sie die Astrologie- und Tarotschule München und hält seit vielen Jahren Vorträge und Seminare. In ihrer Beratungspraxis in Zürich und München bietet Brigitte Theler Horoskopbesprechungen und persönliche Beratungen an

Informationen über Vorträge, Tarot-und Astrologieseminare, sowie persönliche Beratungen finden Sie unter: www.theler.de

Bei Kailash sind bereits *Schlüsselworte zum Crowley-Tarot* und *Du bist alles, was mir fehlt* erschienen.